Souverän durch Selbstregulation

von Frank Kralemann

Buchbeschreibung:

Das Buch richtet sich an Menschen, die unter alltäglichem Grübeln, emotionaler Reaktivität und Gedankenkreisen leiden und die mehr innere Freiheit und Wahlmöglichkeiten in ihrem Leben entwickeln möchten. Es ist für jene gedacht, die grundsätzlich funktionieren, aber mehr emotionale Flexibilität, innere Ruhe und Selbstbestimmung anstreben.

Die Hauptthemen des Buches umfassen:

Verstehen der automatischen Denkmuster und neurologischen Grundlagen unserer Reaktionen

Methoden zur bewussten Wahrnehmung und Vergrößerung des Spalts zwischen Reiz und Reaktion

Achtsamkeitspraktiken als Grundlage für emotionale Regulation

Techniken zur gesunden Distanzierung von belastenden Gedanken

Strategien zur kognitiven Umstrukturierung und für flexibleres Denken

Körperbasierte Ansätze zur emotionalen Regulation

Werkzeuge für weniger reaktive und verbundenere Kommunikation

Entwicklung eines persönlichen Notfallkits für herausfordernde Situationen
Konstruktiver Umgang mit Rückfällen und Förderung langfristigen Wachstums

Über den Autor:

Frank Kralemann schreibt seit 2007 Bücher. Er schreibt immer über Themen mit denen er sich selbst beschäftigt. Frank Kralemann hat auch Bücher für Kinder und einige Gedichtbände veröffentlicht. Neben dem Schreiben treibt er gern Sport und liest gerne. Er wohnt im schönen Ostwestfalen.

Souverän durch Selbstregulation

Den Spalt zwischen Reiz und Reaktion nutzen

von Frank Kralemann

1. Auflage, 2025 Frank Kralemann
© 2025 Alle Rechte vorbehalten.

Verlag: BoD · Books on Demand GmbH,
Überseering 33, 22297 Hamburg,
bod@bod.de
Druck: Libri Plureos GmbH,
Friedensallee 273, 22763 Hamburg

ISBN: 978-3-8192-6283-8

Inhaltsverzeichnis

Souverän durch Selbstregulation

Kennst du dieses Gefühl? Du hast dir fest vorgenommen, ruhig zu bleiben. Diesmal wirklich. Und dann sagt jemand diesen einen Satz, wirft dir diesen einen Blick zu, oder du erhältst diese eine Nachricht – und schon ist es passiert. Die Wut steigt in dir auf wie eine heiße Welle. Oder die Angst schnürt dir die Kehle zu. Oder die Selbstzweifel überfluten dich, bevor du überhaupt einen klaren Gedanken fassen kannst.

Und später, wenn sich der emotionale Sturm gelegt hat, fragst du dich: „Warum passiert mir das immer wieder? Warum kann ich nicht einfach anders reagieren?"

Wenn du dich in diesen Worten wiedererkennst, bist du hier genau richtig. Und vor allem: Du bist nicht allein.

In unserer schnelllebigen, reizüberfluteten Welt werden wir täglich mit Situationen konfrontiert, die uns emotional triggern. Eine beiläufige Bemerkung des Partners, eine Nachricht vom Chef, ein Post in sozialen Medien – und schon sind wir mitten in einer emotionalen Reaktion, die uns oft selbst überrascht. Wir fühlen uns wie Gefangene unserer automatischen Muster, gefangen in einem endlosen Kreislauf aus Reiz und Reaktion.

Doch was wäre, wenn es einen Ausweg gäbe? Was wäre, wenn du lernen könntest, zwischen dem auslösenden Reiz und deiner Reaktion innezuhalten? Einen Raum zu schaffen – einen Spalt, der dir die Freiheit gibt, bewusst zu wählen, wie du reagieren möchtest?

Der Holocaustüberlebende und Psychiater Viktor Frankl drückte es so aus: „Zwischen Reiz und Reaktion liegt ein Raum. In diesem Raum liegt unsere Macht zur Wahl unserer Reaktion. In unserer Reaktion liegen unsere Entwicklung und unsere Freiheit."

Diese Freiheit ist kein fernes, unerreichbares Ideal. Sie ist eine Fähigkeit, die in dir bereits angelegt ist und die du systematisch entwickeln kannst – wie einen Muskel, der durch regelmäßiges Training stärker wird.

Was dich in diesem Buch erwartet
In den folgenden Kapiteln werde ich dich auf eine Reise mitnehmen – eine Reise zu mehr innerer Souveränität. Du wirst verstehen lernen, warum dein Gehirn so reagiert, wie es reagiert. Warum du manchmal in Gedankenkreisen gefangen bist, die du nicht stoppen kannst. Warum bestimmte Situationen dich immer wieder triggern, obwohl du es rational betrachtet besser wissen müsstest.

Aber dieses Buch bietet dir weit mehr als nur Verständnis. Es gibt dir praktische, wissenschaftlich fundierte Werkzeuge an die Hand, mit denen du:

Den Autopiloten deines Denkens erkennen und unterbrechen lernst
Die Fähigkeit entwickelst, zwischen Reiz und Reaktion innezuhalten
Dich von belastenden Gedanken distanzieren kannst, ohne mit ihnen zu kämpfen
Starke Emotionen bewusst regulierst, anstatt von ihnen überwältigt zu werden
In schwierigen Situationen präsent und handlungsfähig bleibst
Ein Leben aufbaust, das von deinen tiefsten Werten geleitet wird, nicht von deinen automatischen Reaktionen
Dabei verbinde ich moderne psychologische Ansätze wie die Akzeptanz- und Commitment-Therapie (ACT) und kognitive Umstrukturierung mit der zeitlosen Weisheit östlicher Meditationspraktiken. Du bekommst konkrete Übungen, alltagstaugliche Strategien und ein tieferes Verständnis deiner eigenen psychologischen Prozesse.

Ein persönliches Versprechen

Als ich vor Jahren begann, mich mit diesen Themen zu beschäftigen, war ich selbst an einem Punkt, an dem meine emotionalen Reaktionen mein Leben bestimmten. Kleine Auslöser konnten mich stundenlang grübeln lassen. Kritik traf mich wie ein physischer Schlag. Konflikte lösten in mir eine Übererregung aus, die Tage anhielt.

Was ich dir heute sagen kann: Es gibt einen Weg. Nicht zu einem perfekten Leben ohne Herausforderungen – ein solches Leben existiert nicht. Aber zu einem Leben, in dem du nicht mehr Gefangener deiner automatischen Reaktionen bist. In dem du den Raum zwischen Reiz und Reaktion nutzen kannst, um freier, bewusster und im Einklang mit deinen tiefsten Werten zu handeln.

Dieser Weg erfordert Übung und Geduld. Es wird Rückschläge geben – das gehört zum Prozess. Aber mit jedem Schritt wirst du mehr innere Freiheit gewinnen. Du wirst merken, wie der Spalt zwischen Reiz und Reaktion sich vergrößert. Wie du immer öfter die Wahl hast, anstatt automatisch zu reagieren.

Dieses Buch ist kein magisches Allheilmittel. Es ist ein Wegweiser und ein Werkzeugkasten für eine Reise, die du selbst unternehmen musst. Aber ich verspreche dir: Wenn du dich auf diese Reise einlässt und die hier vorgestellten Praktiken regelmäßig übst, wirst du Veränderungen erleben, die du dir jetzt vielleicht noch nicht vorstellen kannst.

Der Weg beginnt mit dem Verstehen dessen, was in deinem Geist und deinem Körper geschieht, wenn du gettriggert wirst. Lass uns gemeinsam den ersten Schritt machen.

Bist du bereit, den Spalt zwischen Reiz und Reaktion zu entdecken?

Die Automatismen des Denkens

Hast du dich jemals dabei ertappt, wie du stundenlang über eine kurze Bemerkung eines Kollegen grübelst? Oder wie du mitten in der Nacht wach liegst und ein gedankliches Karussell nicht stoppen kannst? Vielleicht kennst du auch das Gefühl, in einer wichtigen Situation plötzlich von Selbstzweifeln überflutet zu werden oder bei einer bestimmten Kritik sofort in Verteidigungshaltung zu gehen – selbst wenn der rationale Teil deines Verstandes dir sagt, dass die Reaktion übertrieben ist?

Wenn du diese Erfahrungen kennst, bist du in guter Gesellschaft. Was du erlebst, sind die Automatismen des Denkens – jene schnellen, unbewussten gedanklichen Prozesse, die häufig unsere emotionalen Reaktionen und unser Verhalten steuern, lange bevor wir bewusst darüber nachdenken können.

Warum unser Gehirn auf Autopilot läuft

Um zu verstehen, warum diese automatischen Gedanken so mächtig sind, müssen wir zunächst einen Blick auf die faszinierende Architektur unseres Gehirns werfen. Als Menschen verfügen wir über ein bemerkenswertes Denkorgan, das sich über Millionen von Jahren entwickelt hat. Ein Großteil dieser Entwicklung fand jedoch unter Bedingungen statt, die sich drastisch von unserer heutigen Welt unterscheiden.

Unser Gehirn entwickelte sich, um uns in einer gefährlichen, ressourcenarmen Umgebung am Leben zu erhalten. Es musste blitzschnell zwischen Gefahr und Sicherheit unterscheiden können. Diese evolutionäre Vergangenheit spiegelt sich in der Struktur unseres Gehirns wider – mit älteren, schnellen und automatischen Bereichen (oft als „emotionales Gehirn" oder „Reptiliengehirn" bezeichnet) und neueren, langsameren, aber komplexeren Regionen (vor allem der präfrontale Kortex).

Der Neurowissenschaftler Joseph LeDoux beschreibt dies als „Low Road" und „High Road" der Informationsverarbeitung. Bei der „Low Road" gelangen Sinneseindrücke direkt zur Amygdala, einem mandelförmigen Bereich tief im Gehirn, der für die Verarbeitung von Emotionen wie Angst zuständig ist. Diese Route ist blitzschnell, aber ungenau. Die „High Road" führt über den präfrontalen Kortex, ist langsamer, aber ermöglicht differenzierteres Denken und die bewusste Bewertung einer Situation.

Das Problem: In emotional aufgeladenen Situationen neigt unser Gehirn dazu, die schnelle „Low Road" zu bevorzugen. Die Amygdala löst eine emotionale Reaktion aus, bevor der präfrontale Kortex die Situation vollständig analysieren kann.

Das Default Mode Network – Unser Grübel-Netzwerk

Ein weiterer wichtiger Aspekt unserer Gehirnarchitektur ist das sogenannte „Default Mode Network" (DMN) oder „Ruhezustandsnetzwerk". Neurowissenschaftler entdeckten dieses Netzwerk miteinander verbundener Gehirnregionen erst vor etwa 20 Jahren, als sie bemerkten, dass bestimmte Gehirnbereiche besonders aktiv werden, wenn wir scheinbar nichts tun – wenn unser Geist wandert, wenn wir tagträumen oder grübeln.

Das DMN ist beteiligt an:
- Selbstreflexion und Nachdenken über uns selbst
- Erinnern an vergangene Ereignisse
- Vorausschauen auf zukünftige Szenarien
- Nachdenken über soziale Interaktionen
- Grübeln und Gedankenkreisen

Während dieses Netzwerk für unser Selbstverständnis und unsere Fähigkeit zur Selbstreflexion unerlässlich ist, kann eine Überaktivität problematisch werden. Menschen, die zu übermäßigem Grübeln neigen, zeigen oft eine erhöhte Aktivität im DMN. Sie bleiben gedanklich in Schleifen stecken und analysieren vergangene Situationen oder sorgen sich um zukünftige Ereignisse, ohne zu konkreten Lösungen zu gelangen.

Interessanterweise zeigen Studien mit erfahrenen Meditierenden, dass regelmäßige Achtsamkeitspraxis die Aktivität des DMN modulieren kann – ein neurowissenschaftlicher Beleg für etwas, was Meditierende seit Jahrtausenden berichten: die Fähigkeit, aus dem Gedankenkreisen auszusteigen.

Kognitive Verzerrungen: Die Denkfehler unseres Autopiloten

Neben diesen grundlegenden Strukturen unseres Gehirns prägen auch kognitive Verzerrungen – systematische Denkfehler – unsere automatischen Gedanken. Der

Psychologe Daniel Kahneman, Nobelpreisträger für seine Arbeiten über menschliche Entscheidungsfindung, spricht von „System 1" (schnell, automatisch, emotional) und „System 2" (langsam, bewusst, logisch). Unsere kognitiven Verzerrungen entstehen hauptsächlich durch die Abkürzungen, die unser schnelles System 1 nimmt.

Hier sind einige der häufigsten kognitiven Verzerrungen, die unsere automatischen Gedanken beeinflussen:

Katastrophisieren: Du tendierst dazu, das Schlimmste anzunehmen. Eine kleine Unstimmigkeit mit deinem Partner wird in deinen Gedanken schnell zur drohenden Trennung.

Gedankenlesen: Du glaubst zu wissen, was andere denken, ohne Beweise zu haben. „Sie hat mich nicht angelächelt, sie muss mich für inkompetent halten."

Tunnelblick: Du fokussierst dich auf negative Details und ignorierst das Positive. Neun positive Kommentare zu deiner Präsentation verschwinden hinter einer einzigen kritischen Anmerkung.

Schwarz-Weiß-Denken: Du siehst Situationen in extremen Kategorien. Entweder ist etwas perfekt, oder es ist ein völliger Fehlschlag.

Personalisierung: Du nimmst die Verantwortung für Dinge, die außerhalb deiner Kontrolle liegen. „Die Stimmung im Team ist schlecht – ich muss etwas falsch gemacht haben."

Emotionale Argumentation: Du nimmst an, dass deine Gefühle die Realität widerspiegeln. „Ich fühle mich inkompetent, also bin ich inkompetent."

Sollte-Statements: Du quälst dich mit rigiden Regeln darüber, wie du und andere sich verhalten „sollten". „Ich sollte immer freundlich sein." „Andere sollten meine Bedürfnisse erkennen, ohne dass ich sie äußern muss."

Diese Denkmuster sind keine Persönlichkeitsschwächen, sondern natürliche Neigungen des menschlichen Geistes. Sie werden durch unsere individuellen Erfahrungen geprägt und verstärkt, insbesondere durch frühe Lebenserfahrungen und wiederholte Gedankenmuster.

Der Teufelskreis von Gedanken, Gefühlen und Verhalten

Um zu verstehen, wie diese automatischen Gedanken so viel Macht über uns gewinnen können, müssen wir die enge Verbindung zwischen Gedanken, Gefühlen und Verhalten betrachten.

Stell dir folgende Situation vor: Du siehst eine Nachricht deines Chefs auf deinem Handy: „Können wir morgen früh sprechen?"

Automatischer Gedanke: „Oh nein, ich habe etwas falsch gemacht. Er will mich wahrscheinlich kritisieren."

Gefühl: Angst, Unbehagen, vielleicht ein körperliches Gefühl von Anspannung im Magen.

Verhalten: Du grübelst den ganzen Abend, schläfst schlecht und bereitest dich mental auf einen Konflikt vor.

Am nächsten Tag erfährst du, dass dein Chef nur über ein neues Projekt sprechen wollte, das er dir anvertrauen möchte. Aber bis dahin hast du bereits Stunden in Stress und Sorge verbracht – ausgelöst durch einen einzigen automatischen Gedanken, der nicht der Realität entsprach.

Dieser Kreislauf – von automatischen Gedanken über Gefühle zu Verhalten – kann sich selbst verstärken. Wenn du jedes Mal in Sorge verfällst, wenn dein Chef dich sprechen möchte, verstärkt das langfristig den automatischen Gedanken „Chef-Gespräche bedeuten Gefahr". Es entsteht eine neuronale Autobahn in deinem Gehirn, die diese Verbindung immer schneller und stärker werden lässt.

Fallbeispiel: Anna und die Macht der automatischen Gedanken

Anna, 34, Projektmanagerin in einem Technologieunternehmen, galt unter Kollegen als kompetent und effizient. Doch sobald sie Feedback erhielt – selbst konstruktives – begannen ihre automatischen Gedanken ein eigenes Drehbuch zu schreiben.

Als ihr Teamleiter in einer Besprechung anmerkte: „Die Präsentation war gut, aber wir sollten den letzten Abschnitt noch einmal überarbeiten", löste dies in Anna eine Kaskade von automatischen Gedanken aus:

„Er findet meine Arbeit mittelmäßig."
„Die anderen im Team sind sicher viel besser."
„Ich bin eine Enttäuschung."
„Ich werde hier nie wirklich erfolgreich sein."

Diese Gedanken – so schnell, dass Anna sie kaum als separate Überzeugungen wahrnahm – führten zu intensiven Gefühlen von Scham und Unzulänglichkeit. Ihr Verhalten änderte sich sofort: Sie wurde still in der Besprechung, vermied Augenkontakt und zog sich später zurück, um obsessiv an der Präsentation zu arbeiten, statt andere wichtige Aufgaben zu erledigen.

In Annas Fall lag die Wurzel ihrer automatischen Gedanken in frühen Erfahrungen. Als Kind hochleistungsorientierter Eltern hatte sie gelernt, dass nur perfekte Leistungen Anerkennung verdienten. Diese Erfahrungen hatten ein tief verwurzeltes Glaubenssystem geschaffen – eine Art innere Landkarte der Realität, die „Kritik = Ich bin unzulänglich" besagte.

Durch die in diesem Buch vorgestellten Techniken lernte Anna, den Raum zwischen der Bemerkung ihres Vorgesetzten und ihrer Reaktion zu vergrößern. Sie begann zu erkennen, dass „wir sollten den letzten Abschnitt überarbeiten" genau das bedeutete – nicht mehr und nicht weniger. Es war keine Verurteilung ihrer Person oder ihrer gesamten Arbeit. Diese Erkenntnis eröffnete ihr eine neue Freiheit in ihrem beruflichen und privaten Leben.

Übung: Dein Gedankentagebuch – Den Autopiloten kennenlernen

Um deine eigenen automatischen Gedanken zu erkennen, ist ein Gedankentagebuch ein hervorragendes Werkzeug. Für die nächsten drei Tage bitte ich dich, folgende Übung durchzuführen:

1. Vorbereitung: Bereite ein Notizbuch vor oder erstelle eine Notiz auf deinem Smartphone. Teile eine Seite in vier Spalten ein mit den Überschriften: „Situation", „Gedanken", „Gefühle" und „Intensität (1-10)".

2. Beobachten: Achte besonders auf Momente, in denen du eine plötzliche Veränderung deiner Stimmung bemerkst – ein Gefühl von Angst, Traurigkeit, Wut oder auch nur leichtem Unbehagen.

3. Erfassen: Notiere in diesen Momenten:
- Die konkrete Situation: Was geschah? Wer war beteiligt? Wo warst du?
- Die Gedanken, die durch deinen Kopf gingen, so wörtlich wie möglich
- Die Gefühle, die diese Gedanken auslösten
- Die Intensität dieser Gefühle auf einer Skala von 1-10

4. Muster erkennen: Nach drei Tagen lies deine Einträge durch und suche nach Mustern. Gibt es bestimmte Themen oder Auslöser, die immer wieder auftauchen? Bemerkst du wiederkehrende Gedankenmuster?

Beispiel für einen Eintrag:

Situation	Gedanken	Gefühle	Intensität (1-10)

| E-Mail vom Chef: „Wir müssen über das Projekt sprechen." | „Oh nein, er ist unzufrieden mit meiner Arbeit. Ich habe versagt. Was, wenn ich gefeuert werde?" | Angst, Scham | 8 |

Diese einfache Übung hat eine erstaunliche Wirkung: Allein durch das bewusste Aufschreiben deiner automatischen Gedanken beginnst du bereits, sie vom Status unbewusster „Wahrheiten" in den Status beobachtbarer „Gedanken" zu verschieben. Du schaffst eine erste kleine Distanz zwischen dir und deinen Gedanken – einen ersten Spalt zwischen Reiz und Reaktion.

Selbsttest: Deine Trigger-Landkarte

Um deine persönlichen emotionalen Auslöser noch besser zu verstehen, kann die folgende Übung hilfreich sein. Beantworte diese Fragen ehrlich und schreibe deine Antworten auf:

1. In welchen Situationen reagierst du besonders emotional? (z.B. bei Kritik, wenn du ignoriert wirst, bei Konflikten, etc.)

2. Was sind die ersten Gedanken, die dir in diesen Situationen durch den Kopf gehen? Versuche, sie in direkter Rede zu formulieren: „Ich bin..."/"Sie denken..."/"Jetzt wird..."

3. Welche Gefühle entstehen durch diese Gedanken? Sei so präzise wie möglich in der Benennung deiner Emotionen.

4. Wie reagierst du typischerweise auf diese Trigger? (z.B. Rückzug, Aggression, Überanpassung, etc.)

5. Kannst du Verbindungen zu früheren Erfahrungen in deinem Leben erkennen? Wann hast du zum ersten Mal so gedacht oder gefühlt?

Aus deinen Antworten entsteht eine persönliche „Trigger-Landkarte" – ein wertvolles Dokument, das dir hilft, die Muster deiner automatischen Gedanken zu erkennen. Diese Landkarte ist kein Zeichen von Schwäche, sondern der erste Schritt zur Entwicklung innerer Souveränität. Nur was wir kennen, können wir auch verändern.

Die wissenschaftliche Grundlage: Neuroplastizität als Hoffnungsträger

Nachdem wir nun die Automatismen des Denkens und ihre Entstehung besser verstehen, stellt sich die Frage: Können wir diese tief verwurzelten Muster überhaupt verändern?

Die moderne Neurowissenschaft gibt uns hier eine klare und ermutigende Antwort: Ja, wir können! Dank der Neuroplastizität – der Fähigkeit unseres Gehirns, sich lebenslang zu verändern und neu zu organisieren – können wir selbst tief verwurzelte automatische Gedanken umgestalten.

Früher glaubte man, dass das Gehirn nach der Kindheit weitgehend festgelegt sei. Heute wissen wir, dass unser Gehirn bis ins hohe Alter formbar bleibt. Jeder Gedanke, jede Übung, jede bewusste Umlenkung der Aufmerksamkeit hinterlässt neuroplastische Spuren in unserem Gehirn.

Der Neurowissenschaftler Rick Hanson fasst dies in der prägnanten Formel zusammen: „Neurons that fire together, wire together" – Neuronen, die zusammen feuern, verdrahten sich miteinander. Wenn du bewusst neue Gedankenwege gehst, bildest du buchstäblich neue neuronale Verbindungen in deinem Gehirn.

Dies ist die wissenschaftliche Grundlage für alle Werkzeuge und Übungen in diesem Buch. Wenn du lernst, den Spalt zwischen Reiz und Reaktion zu vergrößern und bewusst andere Gedanken zu wählen, veränderst du nicht nur dein momentanes Erleben, sondern auch die physische Struktur deines Gehirns.

Die Kraft des Bewusstwerdens

Der erste und vielleicht wichtigste Schritt zur Veränderung automatischer Denkmuster ist das Bewusstwerden. Der Zen-Meister Thich Nhat Hanh drückt es so aus: „Erkenne deine Gewohnheitsenergien, und du wirst frei sein, dich zu ändern."

Allein dadurch, dass du deine automatischen Gedanken erkennst und benennst, schaffst du bereits jenen entscheidenden Spalt zwischen Reiz und Reaktion. Du trittst aus der vollständigen Identifikation mit deinen Gedanken heraus und wirst zum Beobachter. Der Psychologe und Achtsamkeitslehrer Tara Brach beschreibt diesen Prozess als „Erkennen" – den ersten Schritt in ihrem bekannten RAIN-Prozess (Recognize, Allow, Investigate, Nurture).

In den folgenden Kapiteln werden wir aufbauend auf diesem Bewusstsein konkrete Techniken erkunden, um den Spalt zwischen Reiz und Reaktion zu erweitern und neue, heilsamere Antworten auf die Herausforderungen des Lebens zu entwickeln.

Reflexionsfragen

Bevor wir dieses Kapitel abschließen, nimm dir einen Moment Zeit, um über folgende Fragen nachzudenken:

1. Welche automatischen Gedanken bemerkst du am häufigsten in deinem Leben?

2. Gibt es bestimmte Situationen oder Themen, bei denen deine automatischen Gedanken besonders stark oder hartnäckig sind?

3. Welche kognitiven Verzerrungen (Katastrophisieren, Gedankenlesen, etc.) erkennst du in deinen eigenen Denkmustern?

4. Wie haben deine automatischen Gedanken deine Entscheidungen und dein Leben beeinflusst?

5. Was wäre anders in deinem Leben, wenn du mehr Freiheit gegenüber deinen automatischen Gedanken hättest?

Zusammenfassung

In diesem ersten Kapitel haben wir die Grundlagen automatischer Gedanken erkundet:

- Unser Gehirn verwendet schnelle, automatische Prozesse, die evolutionär sinnvoll waren, aber in der modernen Welt oft zu unnötigem Leiden führen.
- Das Default Mode Network spielt eine zentrale Rolle bei Grübeln und Gedankenkreisen.
- Kognitive Verzerrungen wie Katastrophisieren, Gedankenlesen und Tunnelblick prägen unsere automatischen Gedanken.
- Diese automatischen Gedanken erzeugen Gefühle und Verhaltensweisen, die wiederum die Gedanken verstärken – ein sich selbst erhaltender Kreislauf.
- Durch Bewusstwerden und Beobachten können wir beginnen, diesen Kreislauf zu durchbrechen.

- Die Neuroplastizität unseres Gehirns ermöglicht es uns, selbst tief verwurzelte Denkmuster zu verändern.

Der Weg zur inneren Souveränität beginnt mit dem Erkennen. Im nächsten Kapitel werden wir erkunden, wie du bewusst den Spalt zwischen Reiz und Reaktion vergrößern kannst – jenen kostbaren Raum der Freiheit, in dem deine Wahlmöglichkeiten liegen.

Der Spalt zwischen Reiz und Reaktion

„Zwischen Reiz und Reaktion liegt ein Raum. In diesem Raum liegt unsere Macht zur Wahl unserer Reaktion. In unserer Reaktion liegen unsere Entwicklung und unsere Freiheit."
— Viktor Frankl

Stell dir vor, du stehst in einer langen Schlange im Supermarkt. Jemand schiebt sich vor dir ein. Dein Herz beginnt schneller zu schlagen, ein Gefühl der Empörung steigt in dir auf. Automatische Gedanken wie „Was für eine Unverschämtheit!" oder „Keiner respektiert mich!" tauchen auf. Deine Muskeln spannen sich an, du atmest flacher. All dies geschieht innerhalb von Sekundenbruchteilen.

Was passiert als Nächstes? Die meisten Menschen würden entweder:
a) ihrem Ärger Luft machen und die Person konfrontieren, oder
b) den Ärger herunterschlucken und sich später darüber ärgern, nichts gesagt zu haben.

Doch es gibt einen dritten Weg: den Moment des „Spalts" zu erkennen, innezuhalten und bewusst zu wählen, wie du reagieren möchtest. Dies ist der Kern der inneren Souveränität – nicht das Unterdrücken deiner Reaktionen, sondern das Schaffen eines Raums, in dem du wählen kannst.

Die neurologische Grundlage des Autopiloten
Um diesen Spalt besser zu verstehen und zu nutzen, ist es hilfreich, die neurologischen Prozesse zu kennen, die dahinterstehen. In Kapitel 1 haben wir bereits die „Low Road" und „High Road" der Informationsverarbeitung kennengelernt. Betrachten wir nun etwas genauer, was in deinem Gehirn passiert, wenn du auf Autopilot reagierst.

Neurobiologisch betrachtet gibt es vereinfacht drei zentrale Gehirnbereiche, die bei emotionalen Reaktionen eine Rolle spielen:

Die Amygdala – unser „Alarmsystem". Sie verarbeitet emotionale Reize blitzschnell und löst Kampf-oder-Flucht-Reaktionen aus, bevor wir bewusst nachdenken können.

Der präfrontale Kortex – unser „weiser Beobachter". Er ist zuständig für Planung, Bewertung, Impulskontrolle und die Vorstellung langfristiger Konsequenzen.

Der Hippocampus – unser „Kontextgeber". Er hilft uns, Situationen in einen größeren Zusammenhang einzuordnen und auf frühere Erfahrungen zuzugreifen.

Bei einer automatischen Reaktion übernimmt die Amygdala die Führung. Sie löst eine kaskadenartige Reaktion aus: Stresshormone werden freigesetzt, Muskeln spannen sich an, die Atmung wird flacher, das Herz schlägt schneller. All dies geschieht, bevor der präfrontale Kortex die Situation vollständig analysieren kann.

Der Neurowissenschaftler Antonio Damasio hat diesen Prozess durch seine Theorie der „somatischen Marker" weiter erhellt. Demnach speichern wir emotionale Erfahrungen nicht nur als mentale Erinnerungen, sondern auch als körperliche Empfindungen (somatische Marker). Wenn wir später in ähnliche Situationen geraten, werden diese körperlichen Empfindungen reaktiviert und beeinflussen unsere Entscheidungen – oft unterhalb der Schwelle bewusster Wahrnehmung.

Wir können die Automatik ausschalten.
Hier kommt die ermutigende Erkenntnis der modernen Neurowissenschaft ins Spiel: Obwohl der Weg von der

Amygdala zum präfrontalen Kortex existiert, ist er bei vielen Menschen schwach ausgeprägt. Die gute Nachricht ist, dass wir diesen Pfad durch bewusstes Training stärken können.

Richard Davidson, einer der führenden Neurowissenschaftler im Bereich der Emotionsforschung, hat in zahlreichen Studien gezeigt, dass bestimmte mentale Trainingsmethoden – insbesondere Achtsamkeit und Meditation – die Verbindung zwischen präfrontalem Kortex und Amygdala stärken. Dies führt zu einer verbesserten emotionalen Regulation und mehr Wahlfreiheit in emotionalen Situationen.

Davidson prägte den Begriff „Plastizität der emotionalen Stile" – die Fähigkeit, die Art und Weise zu verändern, wie wir auf emotionale Reize reagieren. Seine Forschung zeigt, dass selbst kurze Perioden regelmäßiger Achtsamkeitspraxis messbare Veränderungen in den Gehirnregionen bewirken können, die mit emotionaler Regulation zu tun haben.

Das Konzept des Spalts: Viktor Frankls Freiheitsverständnis
Das Konzept des Spalts zwischen Reiz und Reaktion wurde maßgeblich von Viktor Frankl geprägt, einem österreichischen Psychiater und Holocaust-Überlebenden. Frankl überlebte vier Konzentrationslager und entwickelte aus dieser extremen Erfahrung seine Logotherapie – einen

therapeutischen Ansatz, der auf der Suche nach Sinn im Leben basiert.

Frankl erkannte unter den unmenschlichsten Bedingungen eine fundamentale menschliche Freiheit: Selbst wenn man ihm alles genommen hatte – Besitz, Familie, Würde, körperliche Freiheit – blieb ihm eine letzte Freiheit: die Freiheit zu wählen, wie er innerlich auf diese Umstände reagieren würde.

Diese Erkenntnis ist tiefgreifend: Unsere ultimative menschliche Freiheit liegt nicht in äußeren Umständen, sondern in der inneren Freiheit, unsere Haltung zu wählen. Der Spalt zwischen Reiz und Reaktion ist der Raum dieser Freiheit.

Es ist wichtig zu verstehen, dass Frankl nicht eine stoische Unterdrückung von Emotionen befürwortete. Vielmehr erkannte er an, dass Gefühle natürlich und wertvoll sind. Die Freiheit liegt nicht darin, keine Gefühle zu haben, sondern darin, wie wir mit diesen Gefühlen umgehen und auf sie reagieren.

Die 5-Sekunden-Pause: Ein praktisches Werkzeug
Eine der einfachsten und wirkungsvollsten Methoden, den Spalt zwischen Reiz und Reaktion zu vergrößern, ist die bewusste Pause. Wenn du bemerkst, dass du emotional reagierst, nimm dir bewusst 5 Sekunden Zeit, bevor du handelst oder sprichst.

Übung: Die 5-Sekunden-Pause implementieren

Erkennen: Achte auf körperliche Anzeichen emotionaler Reaktivität: schnellerer Herzschlag, Anspannung im Körper, flachere Atmung, Hitze im Gesicht.

Innehalten: Sobald du diese Anzeichen bemerkst, sage innerlich zu dir selbst: „Pause" und zähle langsam bis fünf.

Atmen: Nimm während dieser fünf Sekunden einen tiefen Atemzug durch die Nase, halte ihn kurz an, und atme langsam durch den Mund aus.

Benennen: Benenne das Gefühl, das du gerade erlebst: „Ich fühle Ärger" oder „Ich spüre Angst". Die bloße Benennung der Emotion aktiviert bereits deinen präfrontalen Kortex und verringert die Aktivität der Amygdala.

Wählen: Frage dich: „Wie möchte ich jetzt reagieren? Was wäre eine Reaktion, die meinen tieferen Werten entspricht?"

Diese einfache Technik mag auf den ersten Blick zu simpel erscheinen, um wirklich effektiv zu sein. Doch ihre Wirkung ist wissenschaftlich gut belegt. Der Neurowissenschaftler Matthew Lieberman hat in fMRI-Studien gezeigt, dass allein das Benennen von Emotionen die Aktivität der Amygdala verringert und die Aktivität des präfrontalen Kortex erhöht – genau der Wechsel, den wir erreichen wollen.

Praxisaufgabe: Den Spalt im Alltag nutzen
Für die kommende Woche bitte ich dich, diese 5-Sekunden-Pause bewusst in deinen Alltag zu integrieren:

Identifiziere drei wiederkehrende Situationen, in denen du oft automatisch und emotional reagierst. Dies könnten Momente sein wie:

Wenn dein Partner/deine Partnerin einen bestimmten Tonfall verwendet
Wenn du eine belastende E-Mail erhältst
Wenn du im Verkehr aufgehalten wirst
Wenn deine Kinder/Haustiere nicht auf dich hören
Entscheide dich, in diesen Situationen bewusst die 5-Sekunden-Pause einzulegen.

Dokumentiere deine Erfahrungen: Was bemerkst du in diesem neu geschaffenen Spalt? Welche Gedanken und Gefühle tauchen auf? Welche neuen Wahlmöglichkeiten erkennst du?

Halte fest, wie sich deine Reaktionen über die Woche verändern. Wird es leichter, den Spalt zu erkennen und zu nutzen?

Fallbeispiel: Michael und die Unterbrechung der Wut-reaktion

Michael, ein 42-jähriger Marketingdirektor, hatte ein wiederkehrendes Problem: Wenn er in Meetings unterbrochen wurde, reagierte er mit unverhältnismäßigem Ärger. Oft unterbrach er dann seinerseits die andere Person harsch oder machte sarkastische Bemerkungen, die die Atmosphäre vergifteten.

Als wir gemeinsam seine Trigger-Landkarte erstellten, erkannte Michael, dass hinter seinen Wutreaktionen ein automatischer Gedanke stand: „Sie respektieren mich nicht. Meine Meinung zählt hier nicht." Dieser Gedanke führte zu einem intensiven Gefühl der Kränkung und einer reflexhaften Verteidigungsreaktion.

Michael begann, die 5-Sekunden-Pause zu praktizieren. Sobald er unterbrochen wurde, bemerkte er seine körperlichen Reaktionen (Anspannung im Kiefer, schnellere Atmung) und nahm sich bewusst 5 Sekunden Zeit. In dieser Pause benannte er innerlich sein Gefühl: „Ich fühle mich gekränkt und wütend."

Bereits nach zwei Wochen konsequenter Praxis berichtete Michael von einer bemerkenswerten Veränderung. In der bewussten Pause erkannte er, dass Unterbrechungen oft keine bewusste Respektlosigkeit waren, sondern aus Begeisterung oder Zeitdruck geschahen. Er entwickelte neue Reaktionsmöglichkeiten: manchmal ließ er die

Unterbrechung zu und griff seinen Punkt später wieder auf; in anderen Fällen sagte er ruhig: „Ich würde gerne meinen Gedanken zu Ende führen, bevor wir weitergehen."

Das Ergebnis war nicht nur eine bessere Teamdynamik, sondern auch eine tiefere Einsicht für Michael selbst: Sein Trigger war mit früheren Erfahrungen verbunden, in denen er sich nicht gehört und nicht respektiert fühlte. Der bewusste Spalt zwischen Trigger und Reaktion ermöglichte ihm, diese alten Muster zu erkennen und neue Wege zu wählen.

Visualisierung: Den Spalt bewusst vergrößern
Eine kraftvolle Methode, um den Spalt zwischen Reiz und Reaktion zu vertiefen, ist die gezielte Visualisierung. Unser Gehirn unterscheidet nicht vollständig zwischen lebhaft vorgestellten und tatsächlich erlebten Ereignissen – eine Erkenntnis, die wir nutzen können.

Übung: Visualisierung des erweiterten Spalts
Nimm dir 10 Minuten Zeit für diese geführte Visualisierung:

Vorbereitung: Setze dich bequem hin, schließe die Augen und nimm einige tiefe Atemzüge.

Situation visualisieren: Stell dir eine Situation vor, in der du typischerweise automatisch und emotional reagierst.

Sieh die Szene so lebendig wie möglich vor dir – die beteiligten Personen, den Ort, die Worte, die gesprochen werden.

Trigger erkennen: Bemerke den Moment, in dem der emotionale Trigger auftritt. Wie fühlt er sich in deinem Körper an? Welche Gedanken tauchen auf?

Den Spalt visualisieren: Stelle dir nun vor, wie sich die Zeit verlangsamt. Der Trigger ist geschehen, aber zwischen ihm und deiner Reaktion entsteht ein Raum – ein Moment des klaren Bewusstseins. Visualisiere diesen Raum als tatsächlichen physischen Raum, vielleicht als einen ruhigen, lichterfüllten Ort.

Im Spalt verweilen: Stelle dir vor, wie du in diesem Raum einen tiefen Atemzug nimmst. Du kannst deine Gefühle beobachten, ohne von ihnen mitgerissen zu werden. Du hast alle Zeit der Welt, um zu entscheiden, wie du reagieren möchtest.

Neue Reaktion wählen: Visualisiere nun, wie du aus diesem Zustand der Klarheit heraus eine bewusste, wertorientierte Reaktion wählst. Sieh dich selbst ruhig und souverän handeln, in Übereinstimmung mit dem Menschen, der du sein möchtest.

Erfolg verankern: Spüre die positive Energie dieser neuen Reaktionsweise. Wie fühlt es sich an, diesen Spalt zu nutzen? Verankere dieses Gefühl, indem du es mit einem tiefen Atemzug in deinen Körper aufnimmst.

Diese Visualisierungsübung nutzt die Kraft der mentalen Simulation, um neue neuronale Pfade zu bahnen. Forschungen zeigen, dass mentales Training tatsächlich ähnliche neurologische Veränderungen bewirken kann wie physisches Training. Durch regelmäßiges Visualisieren des erweiterten Spalts trainierst du dein Gehirn, ihn auch in realen Situationen wahrzunehmen und zu nutzen.

Die Rolle von Stress und Erschöpfung
Es ist wichtig zu verstehen, dass unsere Fähigkeit, den Spalt zwischen Reiz und Reaktion zu nutzen, nicht konstant ist. Sie wird stark von unserem allgemeinen Stress- und Erschöpfungsniveau beeinflusst.

Unter chronischem Stress oder bei Erschöpfung ist unser präfrontaler Kortex – jener Teil des Gehirns, der für bewusste Entscheidungen und Impulskontrolle zuständig ist – weniger aktiv. Die Amygdala hingegen ist hyperaktiv. In diesem Zustand reagieren wir leichter emotional und haben weniger Zugang zu unserem „inneren Beobachter".

Dieses Phänomen erklärt, warum wir an manchen Tagen scheinbar grundlos emotional reagieren oder warum wir nach einer Reihe belastender Ereignisse „dünnhäutiger" sind. Unser „Spalt" wird unter diesen Bedingungen schmaler.

Diese Erkenntnis ist nicht entmutigend, sondern befreiend: Sie hilft uns zu verstehen, dass Selbstregulation keine reine Willensfrage ist, sondern von physiologischen Faktoren abhängt. Dies führt zu einem mitfühlenderen Umgang mit uns selbst und einer ganzheitlicheren Herangehensweise an emotionale Regulation.

Übung: Deinen Stresspegel managen für einen weiteren Spalt
Folgende Praktiken können helfen, deinen allgemeinen Stresspegel zu senken und damit deinen Spalt zwischen Reiz und Reaktion zu erweitern:

Ausreichend Schlaf: Schlafmangel beeinträchtigt direkt die Funktion des präfrontalen Kortex. Priorisiere 7-8 Stunden qualitativ hochwertigen Schlaf.

Regelmäßige Bewegung: Moderate körperliche Aktivität reduziert Stresshormone und verbessert die kognitive Funktion. Selbst kurze Spaziergänge können wirksam sein.

Bewusste Atempausen: Integriere mehrmals täglich kurze Atempausen (3-5 tiefe Atemzüge) in deinen Alltag.

Natur erleben: Zeit in der Natur reduziert nachweislich Stresshormone und verbessert die kognitive Kontrolle.

Digitale Pausen: Begrenze Medienkonsum und schaffe bewusste technikfreie Zonen in deinem Tag.

Setze Grenzen: Lerne, „Nein" zu sagen und deine Energie bewusst einzuteilen.

Der Schlüssel liegt in der regelmäßigen Integration dieser Praktiken in deinen Alltag – nicht als weitere „Aufgaben" auf deiner To-Do-Liste, sondern als grundlegende Selbstfürsorge, die deine Fähigkeit zur inneren Souveränität unterstützt.

Die tägliche Praxis: Den Spalt kultivieren
Um den Spalt zwischen Reiz und Reaktion nachhaltig zu erweitern, brauchen wir regelmäßige Praxis. Hier sind einige Möglichkeiten, wie du diese Übung in deinen Alltag integrieren kannst:

1. Morgenroutine: Tägliche Intention setzen
Nimm dir jeden Morgen 2-3 Minuten Zeit, um deine Intention für den Tag zu setzen:

Erinnere dich an die Idee des Spalts zwischen Reiz und Reaktion
Identifiziere potenzielle Trigger, denen du heute begegnen könntest

Stelle dir vor, wie du in diesen Situationen bewusst innehältst
Bekräftige deinen Wunsch, aus Freiheit statt aus Automatismus zu handeln
2. Visuelle Erinnerungen platzieren
Platziere kleine visuelle Erinnerungen in deiner
Umgebung, die dich an den Spalt erinnern:

Ein kleiner Aufkleber an deinem Computermonitor
Ein Symbol als Hintergrundbild auf deinem Smartphone
Ein Armband oder Ring, der dich beim Anblick an die
Pause erinnert
Diese Anker können als „Pattern Interrupts" dienen – sie
unterbrechen deine automatischen Abläufe und erinnern
dich an die Möglichkeit der bewussten Wahl.

3. Mini-Meditationen: Mikro-Momente der Achtsamkeit
Integriere über den Tag verteilt kurze Achtsamkeitsmomente:

Beim Händewaschen: Spüre bewusst das Wasser auf
deiner Haut
Beim Warten auf den Aufzug: Nimm drei bewusste Atem-
züge
Beim Betreten eines Raumes: Pause kurz und nimm deine
Umgebung wahr
Diese Mikro-Praktiken trainieren deine Fähigkeit, aus
dem Autopiloten auszusteigen und präsent zu sein –

genau die Fähigkeit, die du brauchst, um den Spalt zu nutzen.

4. Abend-Reflexion: Lernen aus Erfahrung
Nimm dir abends 5 Minuten Zeit, um über deine Erfahrungen mit dem Spalt nachzudenken:

In welchen Situationen konntest du den Spalt nutzen?
Wo warst du im Autopiloten gefangen?
Was hast du in den Momenten der bewussten Pause gelernt?
Wie möchtest du morgen anders reagieren?
Diese Reflexion verstärkt dein Lernen und hilft dir, Muster zu erkennen und schrittweise zu verändern.

Die Tiefendimension: Den Körper als Verbündeten nutzen
Ein oft übersehener Aspekt der Arbeit mit dem Spalt zwischen Reiz und Reaktion ist die Rolle des Körpers. Unsere emotionalen Reaktionen haben immer auch eine körperliche Komponente – von subtiler Anspannung bis hin zu deutlichen physiologischen Veränderungen.

Der Körper kann sowohl ein frühes Warnsystem für automatische Reaktionen sein als auch ein kraftvolles Werkzeug, um den Spalt zu erweitern.

Übung: Körperbasierte Verankerung
Diese Übung hilft dir, deinen Körper als Ressource für emotionale Regulation zu nutzen:

Körperliche Bewusstheit entwickeln: Nimm dir einen Moment Zeit, um zu spüren, wie sich dein Körper jetzt gerade anfühlt. Wo gibt es Spannung? Wo Leichtigkeit? Wie ist deine Atmung?

Einen Ressourcenzustand finden: Erinnere dich an ein Gefühl von Ruhe, Klarheit oder Zentrierung, das du kennst. Vielleicht ein Moment in der Natur, nach einer Meditation oder in einem Flow-Zustand.

Diesen Zustand körperlich verankern: Wie fühlt sich dieser Zustand in deinem Körper an? Bemerke die Qualität deiner Atmung, deine Körperhaltung, die Entspannung oder Energie in verschiedenen Körperbereichen.

Eine Geste entwickeln: Kreiere eine einfache, unauffällige Geste, die diesen Zustand für dich repräsentiert – vielleicht das Zusammenbringen von Daumen und Zeigefinger, das Legen einer Hand aufs Herz oder ein bestimmtes Atemmuster.

Die Geste im Alltag nutzen: Wenn du emotionale Trigger bemerkst, nutze diese Geste bewusst, um den ressourcenvollen Zustand abzurufen und den Spalt zu erweitern.

Diese Technik nutzt das Prinzip der somatischen Marker in umgekehrter Richtung: Statt von Triggern automatisch in emotionale Reaktionen zu fallen, erschaffst du bewusst neue körperliche Pfade zu Zuständen der Klarheit und Souveränität.

Praxisaufgabe: Identifiziere 3 Situationen pro Tag
Für die kommende Woche bitte ich dich, täglich drei Situationen zu identifizieren, in denen du den Spalt zwischen Reiz und Reaktion bewusst nutzen kannst:

Eine leichte Situation: Beginne mit einer emotional nicht stark aufgeladenen Situation, in der du dennoch dazu neigst, automatisch zu reagieren. Dies könnte etwas Alltägliches sein wie das Reagieren auf eine E-Mail oder ein kleines Ärgernis im Haushalt.

Eine mittlere Situation: Wähle eine Situation mit moderater emotionaler Ladung – etwas, das dich regelmäßig frustriert oder beunruhigt, aber keine tiefe emotionale Wunde berührt.

Eine anspruchsvolle Situation (optional): Wenn du dich bereit fühlst, identifiziere eine emotional anspruchsvollere Situation, in der du den Spalt nutzen möchtest. Sei hier besonders mitfühlend mit dir selbst.

Führe ein einfaches Tagebuch mit folgenden Spalten:

Situation
Wahrgenommene körperliche Signale
Was ich im Spalt bemerkt habe

Wie ich gewählt habe zu reagieren
Was ich gelernt habe
Dieses strukturierte Üben hilft dir, die Fähigkeit zur bewussten Pause systematisch aufzubauen – von leichteren zu anspruchsvolleren Situationen.

Reflexionsfragen
Bevor wir dieses Kapitel abschließen, nimm dir einen Moment Zeit, um über folgende Fragen nachzudenken:

In welchen Situationen fällt es dir besonders schwer, einen Spalt zwischen Reiz und Reaktion zu erkennen und zu nutzen?

Welche körperlichen Signale sind deine persönlichen „Frühwarnsysteme", die dir zeigen, dass du emotional reagierst?

Welche Werte oder Qualitäten möchtest du in deinen bewussten Reaktionen zum Ausdruck bringen?

Wie könnte dein Leben anders aussehen, wenn du regelmäßig den Spalt zwischen Reiz und Reaktion nutzen würdest?

Welche Unterstützung brauchst du, um diese Praxis in deinem Alltag zu verankern?

Achtsamkeit als Grundlage

„Die Freiheit ist nicht darin zu finden, dass wir tun können, was wir wollen, sondern darin, dass wir nicht tun müssen, was wir nicht wollen."

— Jean-Jacques Rousseau

Die 5-Sekunden-Pause, die wir im letzten Kapitel kennengelernt haben, ist ein kraftvolles Werkzeug, um den Spalt zwischen Reiz und Reaktion zu öffnen. Doch um diesen Spalt nachhaltig zu erweitern und in unserem Leben zu verankern, brauchen wir eine tiefere Praxis – eine Praxis, die uns hilft, unseren Geist systematisch zu trainieren. Diese Grundlage ist die Achtsamkeit.

Achtsamkeit ist mehr als eine Technik zur Entspannung oder Stressreduktion. Sie ist eine fundamentale Methode, um unser Bewusstsein zu schulen, unsere Aufmerksamkeit zu lenken und eine neue Beziehung zu unseren Gedanken und Gefühlen zu entwickeln. In diesem Kapitel werden wir erkunden, wie Achtsamkeit dir helfen kann, den Autopiloten zu durchbrechen und mehr innere Souveränität zu erlangen.

Was ist Achtsamkeit wirklich?

Achtsamkeit wird oft definiert als „das absichtsvolle Lenken der Aufmerksamkeit auf den gegenwärtigen Moment, ohne zu urteilen". Diese Definition, geprägt von Jon Kabat-Zinn, dem Begründer des MBSR (Mindfulness-Based Stress Reduction), erfasst die wesentlichen Elemente: Bewusstheit, Gegenwärtigkeit und eine nichtwertende Haltung.

Doch um Achtsamkeit wirklich zu verstehen, müssen wir tiefer gehen. Achtsamkeit ist eine bestimmte Qualität des Bewusstseins – ein Gewahrsein, das gleichzeitig fokussiert und weit, konzentriert und offen ist. Es ist die Fähigkeit, vollständig präsent zu sein für das, was ist, ohne sofort in automatische Reaktionen, Bewertungen oder Abwehrstrategien zu verfallen.

In der buddhistischen Tradition, aus der die Achtsamkeitspraxis ursprünglich stammt, wird Achtsamkeit (sati) als Teil eines umfassenderen Weges zur Befreiung von Leiden verstanden. Sie wird kultiviert, um uns zu helfen, die Muster zu erkennen, die zu Leid führen, und um einen Weg des weisen und mitfühlenden Umgangs mit der Erfahrung zu entwickeln.

In unserem Kontext – der Erweiterung des Spalts zwischen Reiz und Reaktion – bietet Achtsamkeit drei wesentliche Qualitäten:

1. Präsenz: Die Fähigkeit, vollständig im gegenwärtigen Moment anzukommen, statt in Gedanken über Vergangenheit oder Zukunft gefangen zu sein.

2. Bewusstheit: Ein klares Erkennen unserer Gedanken, Gefühle und Körperempfindungen, während sie entstehen.

3. Nicht-Identifikation: Die Fähigkeit, unsere Erfahrungen zu beobachten, ohne uns vollständig mit ihnen zu identifizieren – zu erkennen, dass wir Gedanken haben, aber nicht unsere Gedanken sind.

Der Unterschied zwischen Konzentration und offener Achtsamkeit

Um Achtsamkeit effektiv zu praktizieren, ist es wichtig, zwei verschiedene, aber komplementäre Aspekte der Meditation zu verstehen: Konzentration (Samatha) und offene Achtsamkeit (Vipassana).

Konzentration (Samatha) ist die Fähigkeit, die Aufmerksamkeit auf ein einzelnes Objekt zu richten und dort zu halten. Das Objekt kann der Atem sein, eine Körperempfindung, ein Wort oder Bild. Durch wiederholtes Zurückbringen der wandernden Aufmerksamkeit zum gewählten Objekt wird die Konzentration gestärkt – ähnlich wie ein Muskel, der durch Training kräftiger wird.

Offene Achtsamkeit (Vipassana) ist eine erweiterte, rezeptive Aufmerksamkeit, die alles wahrnimmt, was im Bewusstseinsfeld auftaucht, ohne sich an einzelne Elemente zu klammern oder sie abzuwehren. Sie ist wie ein weiter, offener Himmel, der alle Wolken – alle Gedanken, Gefühle und Empfindungen – vorbeiziehen lässt.

Die beiden Qualitäten ergänzen sich:
- Ohne Konzentration wird offene Achtsamkeit leicht zu zerfließendem Gedankenwandern.
- Ohne offene Achtsamkeit kann Konzentration zu rigide werden und wichtige Aspekte unserer Erfahrung ausblenden.

Für unsere Arbeit mit dem Spalt zwischen Reiz und Reaktion brauchen wir beide Qualitäten:
- Konzentration hilft uns, den Autopiloten zu erkennen und innezuhalten.
- Offene Achtsamkeit ermöglicht uns, das volle Spektrum unserer Erfahrung wahrzunehmen und kreative Antworten statt automatischer Reaktionen zu finden.

Drei Grundübungen der Achtsamkeit

Im Folgenden stelle ich dir drei fundamentale Achtsamkeitsübungen vor, die zusammen eine solide Grundlage für die Erweiterung des Spalts zwischen Reiz und Reaktion bilden. Ich empfehle, alle drei kennenzulernen und dann zu entscheiden, welche für dich am besten funktioniert.

1. Bodyscan-Meditation (10 Minuten)

Der Bodyscan ist eine hervorragende Einstiegsübung, die uns hilft, die Verbindung zum Körper wiederherzustellen – eine Verbindung, die oft verloren geht, wenn wir im mentalen Autopiloten gefangen sind.

Anleitung:

1. Vorbereitung: Setze oder lege dich in eine bequeme Position. Schließe die Augen oder senke den Blick. Nimm dir einen Moment Zeit, um anzukommen und einige tiefe Atemzüge zu nehmen.

2. Aufmerksamkeit lenken: Beginne, deine Aufmerksamkeit auf deine Füße zu richten. Spüre alle Empfindungen in deinen Füßen – Druck, Temperatur, Kribbeln, Pulsieren oder vielleicht einfach ein Gefühl von Präsenz. Es geht nicht darum, etwas Bestimmtes zu fühlen, sondern offen wahrzunehmen, was da ist.

3. Durchlaufen des Körpers: Bewege deine Aufmerksamkeit langsam durch deinen Körper – von den Füßen zu den Unterschenkeln, Knien, Oberschenkeln, Hüften, Bauch, Brustkorb, unterem Rücken, oberem Rücken, Händen, Unterarmen, Oberarmen, Schultern, Nacken,

Gesicht und schließlich zum Kopf. Verweile bei jedem Körperteil für etwa 20-30 Sekunden.

4. Wahrnehmung ohne Bewertung: Wenn du Empfindungen wahrnimmst, versuche sie einfach zu bemerken, ohne sie zu bewerten oder zu ändern. Wenn du Anspannung bemerkst, musst du sie nicht entspannen – nimm sie einfach wahr, wie sie ist.

5. Umgang mit dem wandernden Geist: Wenn du bemerkst, dass deine Gedanken abschweifen (und das werden sie!), erkenne dies freundlich an und bringe deine Aufmerksamkeit sanft zum Körperteil zurück, bei dem du warst.

6. Abschluss: Wenn du den ganzen Körper durchlaufen hast, nimm einen Moment Zeit, um den gesamten Körper als Einheit wahrzunehmen. Spüre deinen Körper als Ganzes, während du einige tiefe Atemzüge nimmst.

Wissenschaftlicher Hintergrund:

Der Bodyscan aktiviert die Insula – einen Teil unseres Gehirns, der für Interozeption (die Wahrnehmung innerer Körperzustände) zuständig ist. Forschungen zeigen, dass Menschen mit einer gut entwickelten Interozeption häufig bessere emotionale Regulationsfähigkeiten haben. Sie können frühe Anzeichen emotionaler Reaktionen im Körper wahrnehmen, bevor diese vollständig ausbrechen.

Eine Studie der University of Massachusetts Medical School zeigte, dass regelmäßige Bodyscan-Praxis zu einer signifikanten Verbesserung der Fähigkeit führt, den eigenen emotionalen Zustand zu regulieren, und zur Verringerung von reaktiven Verhaltensmustern beiträgt.

2. Atem-Anker-Meditation (5 Minuten)

Die Atem-Anker-Meditation ist eine konzentrative Übung, die unsere Fähigkeit stärkt, die Aufmerksamkeit zu fokussieren und zu stabilisieren – eine wesentliche Fähigkeit, um den Autopiloten zu durchbrechen.

Anleitung:

1. Sitzposition: Setze dich in eine aufrechte, aber entspannte Position. Die Wirbelsäule ist gerade, aber nicht steif. Die Hände ruhen bequem auf den Oberschenkeln oder im Schoß.

2. Ankommen: Nimm einige tiefe Atemzüge, um im Moment anzukommen. Erlaube deinem Körper, sich zu entspannen, und deinem Geist, sich zu beruhigen.

3. Natürlichen Atem finden: Lass deinen Atem natürlich fließen, ohne ihn zu kontrollieren oder zu verändern. Beobachte einfach, wie er von selbst ein- und ausströmt.

4. Aufmerksamkeit fokussieren: Wähle einen Punkt, an dem du deinen Atem am deutlichsten spürst – vielleicht die Nasenöffnungen, den Brustkorb oder den Bauch. Dies wird dein „Anker" – der Ort, zu dem du immer wieder zurückkehrst.

5. Beim Atem bleiben: Halte deine Aufmerksamkeit sanft auf diesem Anker. Bemerke die Empfindungen des Atems – vielleicht Kühle oder Wärme, Bewegung, Expansion und Kontraktion.

6. Gedanken bemerken und zurückkehren: Wenn du bemerkst, dass dein Geist abgewandert ist (was völlig normal ist), erkenne diesen Moment des Bemerkens als einen kleinen Sieg der Achtsamkeit. Kehre dann sanft zum Atem zurück, ohne dich selbst zu kritisieren.

7. Qualität der Aufmerksamkeit: Strebe eine Aufmerksamkeit an, die gleichzeitig fokussiert und entspannt ist – wie ein Scheinwerfer, der sanft, aber stetig auf den Atem gerichtet ist.

8. Abschluss: Zum Ende der Meditation erweitere deine Aufmerksamkeit langsam wieder auf den ganzen Körper und dann auf den Raum um dich herum.

Wissenschaftlicher Hintergrund:

fMRI-Studien zeigen, dass Atemmeditation die Aktivität im Default Mode Network reduziert – jenem Netzwerk, das mit Gedankenwandern und Grübeln assoziiert ist. Gleichzeitig wird die Aktivität in Gehirnregionen erhöht, die mit Aufmerksamkeitskontrolle und Meta-Bewusstsein (dem Bewusstsein über das eigene Bewusstsein) verbunden sind.

Eine bemerkenswerte Studie der Harvard University zeigte, dass selbst kurze tägliche Atemmeditation binnen acht Wochen zu messbaren Veränderungen in der grauen Substanz des Gehirns führt, besonders in Bereichen, die mit Selbstwahrnehmung und Mitgefühl zusammenhängen.

3. Gehmeditation für Einsteiger

Die Gehmeditation ist eine hervorragende Praxis für Menschen, die Schwierigkeiten haben, still zu sitzen, oder die Achtsamkeit in Bewegung und Alltag integrieren möchten.

Anleitung:

1. Einen Ort wählen: Finde einen ruhigen Ort, an dem du ungestört etwa 10-15 Schritte in eine Richtung gehen kannst – ein Korridor, ein ruhiger Garten oder sogar ein größeres Zimmer.

2. Die Haltung einnehmen: Stehe aufrecht, aber entspannt. Spüre den Kontakt deiner Füße mit dem Boden. Lass deine Arme natürlich an den Seiten hängen oder verschränke sie leicht vor dem Körper.

3. Absicht setzen: Setze die bewusste Absicht, mit voller Aufmerksamkeit zu gehen – nicht um irgendwo anzukommen, sondern um vollständig im Prozess des Gehens zu sein.

4. Langsam beginnen: Beginne sehr langsam zu gehen, deutlich langsamer als dein normales Tempo. Dies hilft dir, die verschiedenen Phasen jedes Schrittes wahrzunehmen.

5. Den Schritt spüren: Richte deine Aufmerksamkeit auf die Empfindungen in deinen Füßen und Beinen. Spüre, wie die Ferse den Boden berührt, wie das Gewicht sich durch den Fuß nach vorne verlagert, wie sich die Zehen vom Boden lösen.

6. Umkehren mit Bewusstheit: Wenn du das Ende deiner Gehstrecke erreicht hast, halte bewusst inne. Spüre deinen stehenden Körper für einen Moment. Drehe dich dann achtsam um und beginne in die andere Richtung zu gehen.

7. Mit Ablenkungen umgehen: Wenn dein Geist abschweift, bringe deine Aufmerksamkeit sanft zurück zu den Empfindungen des Gehens.

8. Geschwindigkeit variieren: Mit zunehmender Übung kannst du experimentieren – mal sehr langsam gehen, mal in mittlerem Tempo, immer mit voller Aufmerksamkeit.

9. In den Alltag übertragen: Versuche, diese Qualität der Aufmerksamkeit auch in alltägliche Gehaktivitäten zu integrieren – sei es der Weg zur Küche, zum Auto oder durch einen Flur bei der Arbeit.

Wissenschaftlicher Hintergrund:

Untersuchungen zeigen, dass Gehmeditation die Körperwahrnehmung verbessert und die Integration von Gehirnbereichen für Motorik und Aufmerksamkeit fördert. Eine Studie der Universität von Hong Kong entdeckte, dass regelmäßige Gehmeditation die Fähigkeit verbessert, zwischen verschiedenen mentalen Zuständen zu wechseln – eine Kernfähigkeit für die Nutzung des Spalts zwischen Reiz und Reaktion.

Besonders interessant: Im Vergleich zur Sitzmeditation scheint Gehmeditation einen stärkeren Effekt auf die Reduzierung von Grübelgedanken zu haben, möglicherweise weil sie die rhythmische Bewegung nutzt, um den Geist zu stabilisieren.

Die Wissenschaft hinter der Achtsamkeit

Die Forschung zur Achtsamkeit hat in den letzten zwei Jahrzehnten exponentiell zugenommen. Dabei wurden faszinierende Einblicke in die neurobiologischen Mechanismen gewonnen, durch die Achtsamkeitspraxis unsere Fähigkeit zur emotionalen Regulation stärkt.

fMRI-Studien zur Wirkung von Achtsamkeit auf die Amygdala

Die Amygdala, unser emotionales Alarmsystem, spielt eine zentrale Rolle bei automatischen Reaktionen auf Bedrohung. Funktionelle Magnetresonanztomographie (fMRI) hat gezeigt, dass regelmäßige Achtsamkeitspraxis messbare Veränderungen in der Aktivität und Konnektivität der Amygdala bewirkt.

Eine bahnbrechende Studie von Goldin und Gross (2010) zeigte, dass Personen mit acht Wochen MBSR-Training (Mindfulness-Based Stress Reduction) eine reduzierte Amygdala-Aktivität aufwiesen, wenn sie mit negativen Bildern konfrontiert wurden. Gleichzeitig zeigten sie eine erhöhte Aktivität im präfrontalen Kortex – der Region, die für bewusste Entscheidungsfindung und emotionale Regulation verantwortlich ist.

Noch beeindruckender: Eine Studie von Kral und Kollegen (2018) demonstrierte, dass solche Veränderungen bereits nach einer kurzen, dreiwöchigen Achtsamkeitsintervention messbar waren, insbesondere bei Personen, die zuvor unter hoher emotionaler Reaktivität litten.

Neuroplastizität und strukturelle Veränderungen

Über funktionelle Veränderungen hinaus hat die Forschung gezeigt, dass Achtsamkeitspraxis tatsächlich die physische Struktur des Gehirns verändert. Eine wegweisende Studie von Sara Lazar und ihrem Team an der Harvard Medical School fand heraus, dass acht Wochen Achtsamkeitsmeditation zu messbarem Dickenwachstum in Hirnregionen führte, die mit Aufmerksamkeit, Körperwahrnehmung und emotionaler Regulation zusammenhängen.

Besonders relevant für unsere Arbeit mit dem Spalt zwischen Reiz und Reaktion: Die Studie zeigte eine Verdickung der Insula und des zingulären Kortex – Regionen, die entscheidend für die Bewusstheit körperlicher Empfindungen und die Fähigkeit sind, aus automatischen Reaktionen „auszusteigen".

Stress, Entzündung und Immunfunktion

Chronischer Stress und die damit verbundenen Entzündungsprozesse können unsere Fähigkeit zur emotionalen Selbstregulation erheblich beeinträchtigen. Mehrere Studien haben gezeigt, dass regelmäßige Achtsamkeitspraxis

Stresshormone wie Cortisol reduziert und Entzündungs-marker im Körper senkt.

Eine Metaanalyse von Black und Slavich (2016) fand robuste Beweise dafür, dass achtsamkeitsbasierte Interventionen chronische Entzündungen reduzieren – ein Effekt, der teilweise die positiven Auswirkungen von Achtsamkeit auf psychische Gesundheit und emotionale Regulation erklären könnte.

Integration in die klinische Praxis

Diese wissenschaftlichen Erkenntnisse haben zu einer breiten Integration von Achtsamkeit in klinische Behandlungen geführt. Achtsamkeitsbasierte Interventionen wie MBSR (Mindfulness-Based Stress Reduction), MBCT (Mindfulness-Based Cognitive Therapy) und ACT (Acceptance and Commitment Therapy) haben sich als wirksam bei der Behandlung von Angstzuständen, Depression, chronischen Schmerzen und sogar Suchterkrankungen erwiesen.

Besonders relevant für unser Thema ist die Wirksamkeit dieser Ansätze bei übermäßigem Grübeln und emotionaler Reaktivität. Eine Studie von Geschwind und Kollegen (2011) zeigte, dass MBCT die Tendenz zum Gedanken-kreisen signifikant reduziert und die Fähigkeit erhöht, positive Emotionen selbst unter Stress aufrechtzuerhalten.

Fallbeispiel: Sarah und die Achtsamkeitspraxis

Sarah, 38, Marketingmanagerin und alleinerziehende Mutter von zwei Kindern, kam zur Achtsamkeitspraxis, nachdem sie zunehmend unter Angstattacken litt. Diese wurden oft durch Arbeitsstress ausgelöst, aber auch durch alltägliche Situationen wie Stau oder Konflikte mit ihren Kindern.

Sarah beschrieb ihren mentalen Zustand als „ständig auf Hochtouren" – selbst wenn ihr Körper ruhte, raste ihr Geist, plante, sorgte sich oder analysierte vergangene Ereignisse. Diese ständige mentale Aktivität ließ ihr wenig Raum, um wahrzunehmen, was tatsächlich in ihrem Körper und ihren Emotionen geschah, bis eine Angstattacke sie überwältigte.

Sarah begann mit einer einfachen Praxis: 5 Minuten Atemmeditation jeden Morgen und einen Bodyscan vor dem Schlafengehen. Anfangs war es für sie schwierig, stillzusitzen – ihr Geist sprang von Gedanke zu Gedanke, und sie fühlte sich frustriert über ihre „Unfähigkeit zu meditieren".

Ein Wendepunkt kam, als Sarah verstand, dass das Bemerken des wandernden Geistes nicht ein Scheitern der Meditation ist, sondern ihr eigentlicher Kern. Jedes Mal, wenn sie bemerkte, dass ihr Geist abgeschweift war, und ihre Aufmerksamkeit zum Atem zurückbrachte, trainierte sie genau jenen mentalen Muskel, den sie brauchte, um aus Grübelschleifen und Angstspiralen auszusteigen.

Nach drei Monaten regelmäßiger Praxis berichtete Sarah von signifikanten Veränderungen. Ihre Angstattacken waren seltener und weniger intensiv. Wichtiger noch: Sie konnte nun die frühen Anzeichen von Angst in ihrem Körper erkennen – Anspannung im Brustkorb, flachere Atmung, ein leichtes Kribbeln in den Händen. Diese frühzeitige Erkennung ermöglichte ihr, innezuhalten und bewusst zu reagieren, statt in den Autopiloten der Angst zu verfallen.

Ein besonders wertvoller Aspekt war für Sarah die Gehmeditation. Als vielbeschäftigte Mutter fand sie Wege, Achtsamkeit in ihren Alltag zu integrieren – beim Gang zum Briefkasten, beim Warten auf ihre Kinder nach der Schule oder sogar während kurzer Pausen bei der Arbeit. Diese „Mikro-Momente" der Präsenz halfen ihr, den Tag über geerdet zu bleiben, statt sich in Gedankenspiralen zu verlieren.

„Früher fühlte ich mich wie ein Blatt im Wind, ständig von meinen Gedanken und Ängsten umhergewirbelt", erzählte Sarah. „Jetzt habe ich ein Gefühl von Verankerung. Ich kann immer noch besorgt oder gestresst sein, aber ich bin nicht mehr vollständig mit diesen Zuständen identifiziert. Es gibt einen kleinen Raum, in dem ich wählen kann."

Sarahs Geschichte illustriert, wie Achtsamkeitspraxis den Spalt zwischen Reiz und Reaktion konkret erweitern kann – nicht durch Unterdrücken von Gefühlen, sondern durch die Entwicklung einer bewussteren Beziehung zu ihnen.

Mikropraktiken: 10 Achtsamkeitsübungen unter 3 Minuten für den Alltag

Eine der größten Herausforderungen bei der Integration von Achtsamkeit in unser Leben ist die Vorstellung, dass wir dafür viel Zeit brauchen. Tatsächlich können bereits kurze „Achtsamkeits-Snacks" über den Tag verteilt eine erhebliche Wirkung haben. Hier sind zehn Mikropraktiken, die jeweils weniger als drei Minuten benötigen:

1. Der 3-Atemzug-Anker: Egal wo du bist oder was du tust – nimm dir einen Moment für drei bewusste, tiefe Atemzüge. Spüre beim ersten Atemzug deinen Körper, beim zweiten deine Emotionen und beim dritten deinen gegenwärtigen mentalen Zustand.

2. STOP-Technik: Besonders hilfreich in stressigen Situationen:
   - Stopp – Halte einen Moment inne
   - Take a breath – Nimm einen tiefen Atemzug
   - Observe – Beobachte deinen Körper, deine Gedanken und Gefühle
   - Proceed – Fahre mit Bewusstheit fort

3. Sensorische Aufmerksamkeit: Nutze alltägliche sensorische Erfahrungen als Achtsamkeitsanker:
  - Beim Duschen: Spüre das Wasser auf deiner Haut
  - Beim Essen: Nimm die ersten drei Bissen mit voller Aufmerksamkeit
  - Beim Händewaschen: Spüre die Temperatur, den Druck, die Seife

4. Der bewusste Übergang: Nutze Übergänge zwischen Aktivitäten für kurze Achtsamkeitsmomente:
  - Bevor du aus dem Auto steigst
  - Vor dem Öffnen deines Computers
  - Beim Betreten oder Verlassen deiner Wohnung

5. Wartezeit-Achtsamkeit: Transformiere Wartezeiten von Frustration zu Achtsamkeitspraxis:
  - In der Schlange im Supermarkt
  - Beim Warten auf den Aufzug
  - Während eine Datei lädt oder eine App öffnet

6. Benennungspraxis: Benenne innerlich, was gerade in deiner Erfahrung geschieht:
  - „Jetzt höre ich..."
  - „Jetzt fühle ich..."
  - „Jetzt denke ich..."

7. Achtsamkeit bei wiederkehrenden Tätigkeiten: Wähle eine alltägliche Tätigkeit und mache sie zum Achtsamkeitsanker:
- Zähneputzen
- Treppensteigen
- Den ersten Schluck eines Getränks

8. Natur-Mikropause: Verbinde dich kurz mit der natürlichen Welt:
- Beobachte den Himmel für 30 Sekunden
- Spüre den Wind auf deiner Haut
- Höre bewusst auf Vogelgeräusche

9. Körperscan-Express: Durchlaufe in 2-3 Minuten deinen gesamten Körper von Kopf bis Fuß, indem du kurz bei jeder Körperregion innehältst und wahrnimmst, was dort ist.

10. Dankbarkeits-Moment: Halte kurz inne und frage dich: „Wofür kann ich in diesem Moment dankbar sein?" Spüre das Gefühl der Dankbarkeit bewusst in deinem Körper.

Forschungen zeigen, dass solche Mikropraktiken, wenn sie konsequent angewendet werden, ähnliche Vorteile bieten können wie längere Meditationssitzungen. Der Schlüssel liegt in der Regelmäßigkeit und der Qualität der Aufmerksamkeit, nicht in der Dauer.

Häufige Herausforderungen und wie man sie meistert

Der Weg zur Achtsamkeit ist nicht immer geradlinig. Hier sind einige häufige Herausforderungen und praktische Lösungsansätze:

„Mein Geist ist zu unruhig für Meditation."

Dies ist wahrscheinlich der häufigste Einwand gegen Achtsamkeitspraxis – und gleichzeitig ein Missverständnis über das Wesen der Meditation. Ein unruhiger Geist ist nicht ein Hindernis für die Meditation, sondern ihr eigentliches Arbeitsfeld.

Lösungsansatz: Beginne mit kürzeren Sitzungen von 3-5 Minuten. Stelle dir deinen Geist wie einen jungen Welpen vor, der trainiert wird – er wird oft weglaufen, und deine Aufgabe ist, ihn sanft und geduldig zurückzubringen, ohne Frustration oder Urteil. Jedes Zurückbringen der Aufmerksamkeit ist ein „mentaler Klimmzug", der deinen Achtsamkeitsmuskel stärkt.

„Ich habe keine Zeit zum Meditieren."

In unserem vollen Alltag scheint es oft unmöglich, zusätzliche Zeit für Meditation zu finden.

Lösungsansatz: Integriere Achtsamkeit in bestehende Aktivitäten durch die oben beschriebenen Mikropraktiken. Beginne mit einem sehr kleinen, realistischen Ziel – vielleicht 3 Minuten täglich – und baue von dort aus auf. Denke daran: Konsistenz ist wichtiger als Dauer.

„Ich weiß nicht, ob ich es richtig mache."

Unsicherheit über die „richtige" Technik kann ein großes Hindernis sein.

Lösungsansatz: Verstehe, dass es bei der Achtsamkeit kein „Richtig" oder „Falsch" im konventionellen Sinne gibt. Der einzige „Fehler" wäre, nicht zu bemerken, dass dein Geist abgeschweift ist. Solange du bemerkst, dass du abgelenkt bist, und deine Aufmerksamkeit zurückbringst, praktizierst du erfolgreich.

„Meditation macht mich unruhiger/ängstlicher."

Manchmal berichten Anfänger, dass sie sich nach der Meditation schlechter fühlen, nicht besser.

Lösungsansatz: Dies ist tatsächlich ein häufiges Phänomen und oft ein Zeichen, dass du bereits achtsamer wirst – du bemerkst Unruhe, die bereits da war, aber zuvor unter der Oberfläche lag. Beginne mit „geerdeteren" Praktiken wie Gehmeditation oder körperbasierter Achtsamkeit. Bei anhaltender intensiver Angst oder traumabezogenen Reaktionen ist professionelle Unterstützung ratsam.

„Ich schlafe bei der Meditation ein."

Einschlafen während der Meditation ist extrem häufig, besonders bei Müdigkeit oder beim Liegen.

Lösungsansatz: Meditiere in einer aufrechten Position, vielleicht auf einem Stuhl ohne Rückenlehne. Öffne leicht die Augen oder praktiziere mit leicht erhobenen Augenlidern. Wenn Müdigkeit ein konstantes Problem ist, könnte dies ein Zeichen dafür sein, dass dein Körper mehr Schlaf braucht – höre auf diese Botschaft und priorisiere ausreichend Ruhezeit.

„Achtsamkeit fühlt sich zu passiv an."

Einige Menschen, besonders solche mit aktivem, lösungsorientiertem Geist, befürchten, dass Achtsamkeit sie weniger effektiv oder durchsetzungsfähig machen könnte.

Lösungsansatz: Verstehe, dass Achtsamkeit nicht Passivität bedeutet, sondern bewusste Reaktion statt automatischer Reaktion. Oft führt Achtsamkeit zu klareren, wirksameren Handlungen, da sie aus Bewusstheit statt aus Impuls entstehen. Experimentiere damit, Achtsamkeit in aktive Entscheidungsprozesse zu integrieren und beobachte die Ergebnisse.

Einen nachhaltigen Rhythmus finden

Der Schlüssel zur Transformation durch Achtsamkeit liegt nicht in heroischen Anstrengungen, sondern in konstanter, nachhaltiger Praxis. Hier sind einige Strategien, um Achtsamkeit langfristig in dein Leben zu integrieren:

1. Starte klein und realistisch: Beginne mit einer Praxis, die so klein ist, dass sie fast lächerlich erscheint – vielleicht eine Minute täglich. Es ist besser, eine Minute täglich zu praktizieren als eine Stunde einmal pro Woche.

2. Verankere die Praxis im Alltag: Verbinde Meditation mit einer bestehenden Gewohnheit, wie dem morgendlichen Kaffee oder dem Zähneputzen – dies wird als „Habit Stacking" bezeichnet und erhöht die Wahrscheinlichkeit, dass die Praxis zur Gewohnheit wird.

3. Gestalte eine unterstützende Umgebung: Richte einen speziellen Platz für deine Praxis ein, auch wenn es nur eine Ecke deines Zimmers ist. Halte Ablenkungen wie Telefone fern.

4. Finde eine Gemeinschaft: Ob online oder vor Ort, eine Gemeinschaft von Gleichgesinnten kann Motivation und Unterstützung bieten. Selbst ein Meditationspartner kann einen großen Unterschied machen.

5. Sei geduldig und mitfühlend: Achtsamkeit ist ein lebenslanger Weg, kein Ziel, das es zu erreichen gilt. Es werden Tage kommen, an denen du nicht praktizierst oder

deine Praxis nicht „gut" erscheint. Behandle dich in diesen Momenten mit dem gleichen Mitgefühl, das du einem guten Freund entgegenbringen würdest.

6. Reflektiere und passe an: Überprüfe regelmäßig deine Praxis. Was funktioniert für dich? Was fühlt sich schwierig an? Sei bereit, deine Herangehensweise anzupassen, um sie nachhaltiger zu gestalten.

7. Integriere formelle und informelle Praxis: Formelle Sitzmeditation und informelle Achtsamkeit im Alltag ergänzen sich. Suche nach einem Gleichgewicht, das zu deinem Leben passt.

Reflexionsfragen

Nimm dir einen Moment Zeit, um über folgende Fragen nachzudenken:

1. Welche Aspekte der Achtsamkeitspraxis sprechen dich besonders an? Was weckt deine Neugier oder dein Interesse?

2. Welche Herausforderungen oder Widerstände nimmst du in Bezug auf Achtsamkeitspraxis wahr?

3. Wo in deinem Alltag könntest du kleine Momente der Achtsamkeit integrieren?

4. Wie könnte regelmäßige Achtsamkeitspraxis deine Fähigkeit beeinflussen, den Spalt zwischen Reiz und Reaktion zu erkennen und zu nutzen?

5. Welche konkreten Schritte könntest du in der kommenden Woche unternehmen, um mit Achtsamkeit zu experimentieren?

Zusammenfassung

In diesem Kapitel haben wir die Grundlagen der Achtsamkeit als fundamentale Praxis zur Erweiterung des Spalts zwischen Reiz und Reaktion erkundet:

- Achtsamkeit ist die Fähigkeit, bewusst und nicht-wertend im gegenwärtigen Moment zu sein
- Der Unterschied zwischen konzentrativer Meditation und offener Achtsamkeit bietet komplementäre Zugänge zur Praxis
- Drei grundlegende Übungen – Bodyscan, Atemmeditation und Gehmeditation – bilden ein solides Fundament
- Die wissenschaftliche Forschung bestätigt die neurologischen Veränderungen durch Achtsamkeitspraxis, besonders in Bezug auf die Amygdala und emotionale Regulation
- Mikropraktiken ermöglichen die Integration von Achtsamkeit in den Alltag
- Typische Herausforderungen können mit praktischen Strategien gemeistert werden

- Ein nachhaltiger Rhythmus ist wichtiger als intensive, aber unregelmäßige Praxis

Achtsamkeit ist nicht nur eine Technik, sondern eine Lebenshaltung – eine Art, mit unserer Erfahrung in Beziehung zu treten, die mehr Freiheit, Klarheit und Mitgefühl ermöglicht. Sie bildet das Fundament für alle weiteren Werkzeuge, die wir in diesem Buch erkunden werden.

Indem wir lernen, unseren Geist zu schulen und unsere Aufmerksamkeit bewusst zu lenken, schaffen wir die Voraussetzungen, um den kostbaren Spalt zwischen Reiz und Reaktion zu erkennen und zu erweitern – jenen Raum der Freiheit, von dem Viktor Frankl sprach.

Im nächsten Kapitel werden wir konkrete Methoden aus der Akzeptanz- und Commitment-Therapie (ACT) kennenlernen, die uns helfen, eine neue Beziehung zu unseren Gedanken zu entwickeln und uns von ihrer Tyrannei zu befreien.

ACT - Akzeptanz- und Commitment-Therapie

„Zwischen den Worten und der Erfahrung liegt eine Welt."
— Steven C. Hayes

Stell dir vor, du stehst an einem Fluss und beobachtest, wie Blätter auf der Wasseroberfläche vorbeitreiben. Manche dieser Blätter sind schön und angenehm anzusehen, andere sind vielleicht vermodert oder unansehnlich. Doch du musst keines dieser Blätter aufheben, daran festhalten oder es versenken – du kannst sie einfach vorbeiziehen lassen und den Fluss beobachten.

Dies ist ein Bild für einen grundlegend anderen Umgang mit unseren Gedanken und Gefühlen, den die Akzeptanz- und Commitment-Therapie (ACT, ausgesprochen als ein Wort: „act") uns anbietet. ACT ist ein kraftvoller therapeutischer Ansatz, der Elemente aus Achtsamkeit, Akzeptanz und werteorientiertem Handeln verbindet. Entwickelt von Steven C. Hayes und seinen Kollegen in den 1980er Jahren, hat sich ACT zu einem wissenschaftlich gut fundierten Ansatz für psychologische Flexibilität entwickelt – die Fähigkeit, im gegenwärtigen Moment präsent zu bleiben und unser Verhalten an dem auszurichten, was uns wirklich wichtig ist, auch angesichts schwieriger Gedanken und Gefühle.

In diesem Kapitel werden wir die Kernkonzepte der ACT kennenlernen und praktische Werkzeuge entdecken, die uns helfen, den Spalt zwischen Reiz und Reaktion zu erweitern und ein selbstbestimmteres Leben zu führen.

Die 6 Kernprozesse der ACT im Detail

ACT basiert auf sechs miteinander verbundenen psychologischen Prozessen, die zusammen zu größerer psychologischer Flexibilität führen. Jeder dieser Prozesse bietet einen eigenen Zugang zur Erweiterung des Spalts zwischen Reiz und Reaktion. Lassen wir uns diese Prozesse näher ansehen.

1. Akzeptanz: Mit offenen Armen empfangen

Akzeptanz bedeutet in der ACT nicht Resignation oder passive Hinnahme. Es ist vielmehr eine aktive Bereitschaft, unsere inneren Erfahrungen – Gedanken, Gefühle, Körperempfindungen – so zu erleben, wie sie sind, ohne unnötigen Kampf. Es geht darum, den Widerstand gegen unangenehme Erfahrungen zu reduzieren, da dieser Widerstand oft mehr Leid verursacht als die ursprüngliche Erfahrung selbst.

Stell dir vor, du hast eine wichtige Präsentation und spürst Angst. Die natürliche Reaktion ist oft, gegen diese Angst anzukämpfen oder sie unterdrücken zu wollen. ACT lädt stattdessen dazu ein, diese Angst zu bemerken und ihr Raum zu geben: „Ah, da ist Angst. Ich kann sie in meinem Bauch spüren, mein Herz schlägt schneller." Diese offene Haltung verbraucht weniger emotionale Energie als der Kampf und lässt mehr Kapazität für effektives Handeln.

Das Paradoxe an Akzeptanz ist: Wenn wir aufhören, gegen unsere Erfahrung zu kämpfen, verliert sie oft ihre lähmende Macht über uns. Wir erkennen, dass wir Angst haben können und dennoch handlungsfähig sind.

2. Kognitive Defusion: Den Gedanken beim Denken zusehen

Kognitive Defusion (oder „Entfusion") ist der Prozess, durch den wir lernen, uns von unseren Gedanken zu distanzieren – sie als mentale Ereignisse zu sehen, nicht als absolute Wahrheiten oder Handlungsanweisungen. Wir „entschmelzen" uns von unseren Gedanken.

Im Alltag sind wir oft mit unseren Gedanken „verschmolzen" – wir nehmen sie als direkte Abbilder der Realität wahr. Wenn der Gedanke auftaucht „Ich bin nicht gut genug", erleben wir ihn als Tatsache, nicht als mentales Ereignis. Defusion bedeutet, einen Schritt zurückzutreten und zu erkennen: „Ich habe gerade den Gedanken, dass ich nicht gut genug bin" – eine subtile, aber mächtige Verschiebung der Perspektive.

Durch Defusion entsteht ein Raum zwischen uns und unseren Gedanken. Wir können sie beobachten, ohne von ihnen kontrolliert zu werden. Dies ist ein zentraler Aspekt des Spalts zwischen Reiz und Reaktion: Wenn wir unsere Gedanken als Gedanken erkennen, nicht als unumstößliche Wahrheiten, haben wir die Freiheit, anders auf sie zu reagieren.

3. Präsenz im gegenwärtigen Moment: Hier und Jetzt
Dieser Aspekt der ACT überschneidet sich stark mit der Achtsamkeitspraxis, die wir im vorherigen Kapitel erkundet haben. Es geht darum, bewusst und vollständig im Hier und Jetzt zu sein, anstatt in Grübeleien über die Vergangenheit oder Sorgen über die Zukunft gefangen zu sein.

ACT betont besonders die flexible Aufmerksamkeitslenkung – die Fähigkeit, unsere Aufmerksamkeit bewusst auf das zu richten, was im gegenwärtigen Moment am hilfreichsten ist. Dies kann die äußere Umgebung sein, innere Empfindungen oder die Aufgabe, die vor uns liegt.

Präsenz ermöglicht es uns, die Realität direkt zu erfahren, statt durch den Filter unserer Gedanken und Konzepte. Sie ist wie ein Scheinwerfer, der den Spalt zwischen Reiz und Reaktion beleuchtet und uns erlaubt, diesen Raum bewusst wahrzunehmen und zu nutzen.

4. Selbst als Kontext: Der Beobachter hinter den Erfahrungen

ACT unterscheidet zwischen dem „konzeptualisierten Selbst" (die Geschichte, die wir über uns erzählen) und dem „beobachtenden Selbst" – jenem Teil von uns, der all unsere Erfahrungen wahrnimmt, selbst aber unveränderlich bleibt.

Das beobachtende Selbst kann als eine Art innerer Zeuge verstanden werden, der alle Gedanken, Gefühle und Empfindungen registriert, ohne mit ihnen identisch zu sein. Es ist wie der Himmel, der alle Wetterbedingungen – Sonnenschein, Wolken, Sturm – beobachtet, während er selbst unverändert bleibt.

Diese Perspektive des Beobachters zu kultivieren, gibt uns eine tiefere Form der Freiheit: Wir sind nicht unsere Gedanken, nicht unsere Gefühle, nicht unsere Rollen oder Geschichten – wir sind das Bewusstsein, das all dies wahrnimmt.

Dieser Prozess erweitert den Spalt zwischen Reiz und Reaktion erheblich, da er uns aus der vollständigen Identifikation mit unseren automatischen Reaktionen herauslöst und uns erlaubt, sie aus einer umfassenderen Perspektive zu betrachten.

5. Werte: Der Kompass für die Reise

Werte in der ACT sind Qualitäten des Handelns, die uns tief wichtig sind – wie wir sein wollen, wofür wir stehen möchten. Im Gegensatz zu Zielen sind Werte keine erreichbaren Endpunkte, sondern Richtungen, in die wir uns kontinuierlich bewegen können.

Beispiele für Werte könnten sein: Verbundenheit in Beziehungen, Kreativität im Beruf, Fürsorge gegenüber anderen oder persönliches Wachstum. Werte sind höchst individuell und können sich über die Lebensspanne verändern und entwickeln.

Werte spielen eine entscheidende Rolle für den Spalt zwischen Reiz und Reaktion: Sie geben uns eine Orientierung dafür, wie wir diesen Spalt nutzen wollen. Wenn wir klar sind über unsere Werte, können wir in schwierigen Momenten fragen: „Welche Reaktion würde mich in Richtung meiner Werte bewegen? Was für ein Mensch möchte ich in dieser Situation sein?"

6. Engagiertes Handeln: Werte in die Tat umsetzen
Der letzte Kernprozess der ACT ist das engagierte Handeln – die Bereitschaft, konkrete Schritte in Richtung dessen zu unternehmen, was uns wichtig ist, auch in Gegenwart schwieriger Gedanken und Gefühle.

Es geht nicht darum, erst zu handeln, wenn wir uns gut fühlen oder keine Zweifel mehr haben. Engagiertes Handeln bedeutet, unsere Werte zu leben, unabhängig von unserer momentanen inneren Wetterlage.

Dieser Aspekt der ACT erinnert uns daran, dass der Spalt zwischen Reiz und Reaktion kein Selbstzweck ist. Er dient dazu, uns die Freiheit zu geben, so zu handeln, wie es mit unseren tiefsten Werten übereinstimmt, statt von automatischen Reaktionen gesteuert zu werden.

Der ACT-Trichter: Wie die sechs Prozesse zusammenwirken
Man kann sich die sechs Kernprozesse der ACT als einen Trichter vorstellen:

Akzeptanz und Defusion öffnen uns für unsere Erfahrung, ohne in ihr gefangen zu sein
Präsenz und Selbst-als-Kontext schaffen Bewusstheit und Perspektive
Werte und engagiertes Handeln geben Richtung und konkrete Umsetzung
Zusammen führen diese Prozesse zu psychologischer Flexibilität – der Fähigkeit, im gegenwärtigen Moment voll präsent zu sein und unser Verhalten in Richtung unserer Werte zu verändern, auch wenn schwierige Gedanken und Gefühle präsent sind.

Diese Flexibilität ist genau das, was wir brauchen, um den Spalt zwischen Reiz und Reaktion zu nutzen und ein selbstbestimmteres Leben zu führen.

Übungen zur Förderung der sechs Kernprozesse

Lassen Sie uns nun konkrete Übungen erkunden, die dir helfen, die sechs Kernprozesse der ACT in deinem Leben zu kultivieren.

Übung 1: Werte-Kompass erstellen

Diese Übung hilft dir, deine wichtigsten Werte zu klären und als Kompass für deine Entscheidungen zu nutzen.

Du benötigst: Papier und Stift, etwa 30 Minuten Zeit

Anleitung:

Lebensbereiche identifizieren: Unterteile ein Blatt Papier in folgende Lebensbereiche (du kannst auch andere hinzufügen, die für dich wichtig sind):

Familie/Partnerschaft
Freundschaften/soziale Beziehungen
Arbeit/Karriere
Persönliches Wachstum/Bildung
Freizeit/Erholung
Gesundheit/körperliches Wohlbefinden
Spiritualität/Sinnfindung
Gesellschaftliches Engagement
Werte erkunden: Beantworte für jeden Bereich folgende Fragen:

Wenn ich völlig frei wählen könnte und keine Angst vor Scheitern hätte, wie würde ich in diesem Lebensbereich sein wollen? Welche Qualitäten würde ich in meinem Handeln zeigen wollen? Was würde mir in diesem Bereich tiefe Befriedigung geben, unabhängig von äußerem Erfolg? Woran würde ich am Ende meines Lebens erkennen, dass ich in diesem Bereich ein erfülltes Leben geführt habe? Werte identifizieren: Leite aus deinen Antworten konkrete Werte ab. Beispiele könnten sein:

Familie: Präsenz, Verbundenheit, Fürsorge
Arbeit: Kreativität, Wachstum, Beitrag
Gesundheit: Vitalität, Achtsamkeit, Balance
Prioritäten setzen: Stelle fest, welche 3-5 Werte dir aktuell am wichtigsten sind.

Kompass gestalten: Gestalte einen visuellen „Werte-Kompass" – vielleicht als Rad mit verschiedenen Sektoren oder als eine andere Form, die für dich stimmig ist. Platziere ihn an einem Ort, wo du ihn regelmäßig siehst.

Diese Übung ist nicht statisch – dein Werte-Kompass kann und sollte sich mit der Zeit entwickeln. Überprüfe ihn regelmäßig und passe ihn an, wenn sich deine Prioritäten verschieben.

Übung 2: Defusionsübungen - Gedanken auf Blätter schreiben
Diese Übung hilft dir, Distanz zu belastenden Gedanken zu gewinnen und sie als mentale Ereignisse zu erkennen, nicht als absolute Wahrheiten.

Du benötigst: Kleine Zettel oder Post-its, einen Stift

Anleitung:

Gedanken identifizieren: Nimm dir einen Moment Zeit, um wiederkehrende, belastende Gedanken zu identifizieren. Dies könnten Gedanken sein wie „Ich bin nicht gut genug", „Ich werde versagen", „Andere denken schlecht von mir" usw.

Gedanken aufschreiben: Schreibe jeden dieser Gedanken auf einen separaten Zettel. Schreibe genau die Worte auf, die in deinem Kopf auftauchen.

Gedanken betrachten: Nimm einen der Zettel in die Hand und betrachte ihn. Bemerke, dass der Gedanke nun außerhalb von dir ist – er ist zu einem Objekt geworden, das du betrachten kannst.

Experimentieren: Experimentiere mit verschiedenen Arten, mit dem Gedanken umzugehen:

Halte ihn nah vor dein Gesicht und bemerke, wie er dein Sichtfeld einschränkt

Halte ihn weiter weg und bemerke, wie du mehr von deiner Umgebung wahrnehmen kannst

Drehe ihn um, falte ihn, lege ihn beiseite

Erweiterung: Du kannst diese Übung erweitern, indem du:

Den Gedanken in einer seltsamen Stimme liest (z.b. wie eine Zeichentrickfigur)

„Ich habe den Gedanken, dass..." vor den Satz stellst

„Mein Verstand erzählt mir gerade die Geschichte, dass..." vor den Satz stellst

Diese Übung verdeutlicht, dass deine Gedanken nicht mit dir identisch sind und dass du die Freiheit hast, zu wählen, wie eng du dich mit ihnen verbindest. Es geht nicht darum, die Gedanken loszuwerden, sondern eine neue Beziehung zu ihnen zu entwickeln.

Übung 3: „Der mitfühlende Beobachter" - Perspektivwechsel

Diese Übung hilft dir, die Perspektive des „Selbst als Kontext" zu entwickeln – jenen Teil von dir, der alle Erfahrungen beobachtet, ohne mit ihnen identisch zu sein.

Du benötigst: Einen ruhigen Ort, etwa 15 Minuten Zeit

Anleitung:

Bequeme Position: Setze dich in eine bequeme Position, schließe die Augen oder senke den Blick.

Ankommen: Nimm einige tiefe Atemzüge und bringe deine Aufmerksamkeit in den gegenwärtigen Moment.

Erfahrungen wahrnehmen: Bemerke, was du gerade erlebst:

Welche Körperempfindungen sind präsent?
Welche Emotionen kannst du wahrnehmen?
Welche Gedanken ziehen durch deinen Geist?
Zum Beobachter werden: Stelle dir nun vor, dass es einen Teil in dir gibt, der all diese Erfahrungen beobachtet. Dieser Teil ist wie ein mitfühlender, weiser Zeuge, der schon dein ganzes Leben lang dabei ist und alle deine Erfahrungen beobachtet hat.

Perspektivwechsel: Versuche nun, die Perspektive dieses Beobachters einzunehmen:

„Ich bemerke, dass ich die Körperempfindung von... habe"
„Ich bemerke, dass ich das Gefühl von... erlebe"
„Ich bemerke, dass mir der Gedanke durch den Kopf geht, dass..."
Kontinuität erforschen: Erkunde die Idee, dass dieser beobachtende Teil von dir schon immer da war – als Kind, als Teenager, als junge(r) Erwachsene(r), bis heute.

Während sich dein Körper, deine Gedanken, Gefühle und Lebensumstände verändert haben, ist dieser beobachtende Teil konstant geblieben.

Mitgefühl entwickeln: Lade ein Gefühl von Mitgefühl und Akzeptanz für alles ein, was du beobachtest – alle Gedanken, Gefühle und Empfindungen sind Teil deiner menschlichen Erfahrung und dürfen da sein.

Abschluss: Komme langsam zurück, öffne die Augen und nimm dir einen Moment Zeit, um deine Erfahrung zu reflektieren.

Diese Übung kann dir helfen, ein tieferes Gefühl von innerem Raum zu entwickeln – du bist nicht deine vorübergehenden Erfahrungen, sondern das Bewusstsein, das sie wahrnimmt. Diese Perspektive kann besonders hilfreich sein, wenn du dich in schwierigen Emotionen oder Gedankenspiralen verfangen fühlst.

Übung 4: Der „Willensbus" - Eine Metapher erleben
ACT nutzt oft Metaphern, um komplexe psychologische Prozesse erfahrbar zu machen. Die „Bus-Metapher" ist eine der bekanntesten und kann dir helfen, deine Beziehung zu schwierigen Gedanken und Gefühlen neu zu gestalten.

Du benötigst: Vorstellungskraft, etwa 10 Minuten Zeit

Anleitung:

Die Metapher visualisieren: Stelle dir vor, du bist der Fahrer eines Busses. Der Bus repräsentiert dein Leben, und du bist auf dem Weg zu deinen Werten – den Orten, die dir wichtig sind.

Die Passagiere bemerken: Auf deinem Bus befinden sich verschiedene Passagiere – deine Gedanken, Gefühle, Erinnerungen, Befürchtungen. Einige sind freundlich und unterstützend, andere sind laut, fordernd und unangenehm.

Die schwierigen Passagiere erleben: Einige besonders laute Passagiere (deine selbstkritischen oder ängstlichen Gedanken) stehen auf und sagen Dinge wie:

„Du wirst versagen!"
„Du bist nicht gut genug!"
„Fahr lieber einen Umweg, das wird zu schwierig!"
„Die anderen werden dich ablehnen!"
Die übliche Reaktion bemerken: Normalerweise würdest du vielleicht anhalten und mit diesen Passagieren diskutieren oder versuchen, sie aus dem Bus zu werfen. Bemerke, dass der Bus während dieser Auseinandersetzungen stehenbleibt – du kommst nicht näher an deine Werteziele.

Eine Alternative erforschen: Stelle dir nun vor, du erkennst, dass du als Fahrer eine Wahl hast. Du kannst den schwierigen Passagieren zuhören, ohne ihnen zu gehorchen. Du kannst sagen: „Ich höre euch, aber ich fahre trotzdem in die Richtung, die ich gewählt habe."

Weiterbewegung mit den Passagieren: Visualisiere, wie du weiterfährst, in Richtung deiner Werte, auch während die schwierigen Passagiere weiter reden. Sie sind noch im Bus, aber sie kontrollieren nicht mehr die Richtung.

Reflexion: Überlege, wie diese Metapher auf dein Leben zutrifft. Welche „schwierigen Passagiere" trägst du mit dir? Wie könntest du weiterkommen in Richtung deiner Werte, auch wenn diese Passagiere an Bord sind?

Diese Metapher verdeutlicht einen zentralen Punkt der ACT: Es geht nicht darum, unangenehme Gedanken und Gefühle loszuwerden, sondern darum, mit ihnen unterwegs zu sein, ohne dass sie die Kontrolle über die Richtung deines Lebens übernehmen.

Übung 5: Akzeptanz und „williges Händehalten"
Diese Übung hilft dir, Akzeptanz für schwierige Gefühle zu entwickeln – nicht als passive Resignation, sondern als aktive Bereitschaft, mit ihnen in Kontakt zu bleiben, während du in Richtung deiner Werte handelst.

Du benötigst: Etwa 10-15 Minuten Zeit, einen ruhigen Ort

Anleitung:

Eine Herausforderung identifizieren: Denke an eine aktuelle Situation, in der schwierige Gefühle oder Gedanken dich davon abhalten, in Richtung deiner Werte zu handeln. Vielleicht Angst vor einer wichtigen Aufgabe, Unsicherheit in einer Beziehung oder Unbehagen bei der Äußerung deiner Meinung.

Das Gefühl lokalisieren: Wo in deinem Körper spürst du dieses schwierige Gefühl am stärksten? Vielleicht ein Engegefühl in der Brust, ein Knoten im Magen oder Spannung im Nacken?

Kontakt aufnehmen: Lege eine Hand sanft auf diesen Körperbereich. Atme ruhig ein und aus und stelle dir vor, dass dein Atem in diesen Bereich fließt.

Eigenschaften erforschen: Erforsche dieses Gefühl mit offener Neugier:

Welche Größe hat es?
Welche Form?
Hat es eine Temperatur?
Hat es eine Farbe oder Textur?
Ist es in Bewegung oder still?
Raum schaffen: Stelle dir vor, dass du diesem Gefühl etwas mehr Raum gibst – nicht um es loszuwerden, son-

dern um es weniger beengt sein zu lassen. Mit jedem Ausatmen kannst du ein wenig mehr Raum um das Gefühl herum schaffen.

Williges Händehalten: Stelle dir vor, dass du diesem Gefühl bildlich die Hand reichst, als würdest du es auf deiner Lebensreise begleiten. Du sagst innerlich etwas wie: „Ich bin bereit, dich mitzunehmen, während ich in Richtung dessen gehe, was mir wichtig ist."

Verbindung zu Werten: Erinnere dich an einen Wert, der mit dieser Situation verbunden ist. Wenn die Angst z.B. mit einer Präsentation zusammenhängt, könnte der Wert „Beitrag leisten" oder „persönliches Wachstum" sein.

Engagiertes Handeln visualisieren: Stelle dir vor, wie du, während du dieses schwierige Gefühl „an der Hand hältst", einen kleinen Schritt in Richtung deines Wertes unternimmst. Visualisiere dies so konkret wie möglich.

Abschluss: Nimm einige tiefe Atemzüge und kehre ins Hier und Jetzt zurück.

Diese Übung trainiert die Fähigkeit, mit schwierigen Gefühlen in Kontakt zu bleiben, ohne gegen sie anzukämpfen oder vor ihnen zu fliehen. Es ist wie ein emotionales Muskeltraining – mit jeder Wiederholung wird deine Kapazität für Akzeptanz und werteorientiertes Handeln stärker.

Metaphern: Kraftvolle Werkzeuge der ACT

Metaphern sind ein zentrales Element der ACT, da sie komplexe psychologische Prozesse greifbar und erfahrbar machen. Sie umgehen den analytischen Verstand und sprechen direkte Erfahrung an. Hier sind zwei weitere kraftvolle Metaphern.

Der Treibsand

Stelle dir vor, du bist versehentlich in Treibsand geraten. Deine natürliche Reaktion ist es, zu kämpfen und dich heftig zu bewegen, um herauszukommen. Doch was passiert dann? Je mehr du kämpfst, desto tiefer sinkst du ein.

Die Rettung aus Treibsand erfordert paradoxerweise, sich flach hinzulegen und die Oberfläche zu vergrößern – genau das Gegenteil deines Instinkts. Indem du dich ausbreitest und den Treibsand akzeptierst, anstatt gegen ihn zu kämpfen, schaffst du die Voraussetzung, dich langsam herauszubewegen.

Ähnlich verhält es sich mit emotionalem Leid. Je mehr wir gegen unangenehme Gefühle ankämpfen, desto mehr Raum nehmen sie ein und desto tiefer versinken wir in ihnen. Akzeptanz – die Bereitschaft, das Gefühl zu haben, ohne dagegen anzukämpfen – schafft oft paradoxerweise den Raum, den wir brauchen, um uns zu befreien.

Die Polygraphen-Metapher

Stelle dir vor, du bist an einen Lügendetektor (Polygraphen) angeschlossen und erhältst folgende Anweisung: „Was auch immer du tust, werde NICHT nervös. Wenn der Polygraph Nervosität anzeigt, wirst du einen schmerzhaften elektrischen Schlag bekommen."

Was passiert? Je mehr du versuchst, nicht nervös zu werden, desto nervöser wirst du tatsächlich. Der Versuch, ein Gefühl zu kontrollieren, produziert oft genau dieses Gefühl.

Diese Metapher verdeutlicht, warum Unterdrückung und Kontrolle oft kontraproduktiv sind. Die Alternative ist Akzeptanz – die Bereitschaft, Gefühle zu haben, auch wenn sie unangenehm sind, ohne zu versuchen, sie zu kontrollieren oder zu eliminieren.

Praxisaufgabe: Tägliche werte-orientierte Handlungen
Eine der wirksamsten Methoden, um ACT in deinen Alltag zu integrieren, ist die bewusste Planung und Umsetzung werte-orientierter Handlungen. Diese Praxisaufgabe hilft dir dabei, diese Fertigkeit zu entwickeln.

Anleitung:

Werte-Reflexion: Schaue dir deinen Werte-Kompass aus Übung 1 an. Welche 1-2 Werte möchtest du in der kommenden Woche besonders fokussieren?

Handlungen identifizieren: Überlege dir für jeden dieser Werte 3-5 konkrete Handlungen verschiedener Größenordnung:

Kleine Handlungen (unter 5 Minuten)
Mittlere Handlungen (15-30 Minuten)
Größere Handlungen (über 30 Minuten)
Beispiel für den Wert „Verbundenheit":

Klein: Eine herzliche Nachricht an einen Freund senden
Mittel: Ein 20-minütiges Telefonat ohne Ablenkungen führen
Größer: Ein Treffen zum Kaffee oder gemeinsames Essen organisieren
Wochenplan erstellen: Plane für die kommende Woche mindestens:

5 kleine werte-orientierte Handlungen
2 mittlere werte-orientierte Handlungen
1 größere werte-orientierte Handlung
Trage diese in deinen Kalender ein oder notiere sie an einem sichtbaren Ort.

Hindernisse antizipieren: Überlege, welche inneren Barrieren (Gedanken, Gefühle) oder äußeren Hindernisse auftreten könnten. Plane im Voraus, wie du mit diesen umgehen wirst.

Tägliche Praxis: Führe die geplanten Handlungen durch, auch wenn schwierige Gedanken oder Gefühle auftauchen. Nutze die Defusions- und Akzeptanzstrategien, die du in diesem Kapitel kennengelernt hast, um mit diesen Hindernissen umzugehen.

Reflexion: Halte am Ende jedes Tages kurz fest:

Welche werte-orientierten Handlungen hast du umgesetzt?
Welche inneren Hindernisse sind aufgetaucht?
Wie hast du den Spalt zwischen Reiz und Reaktion genutzt?
Diese Praxis verankert ACT in deinem täglichen Leben und verbindet innere Arbeit (Defusion, Akzeptanz) mit äußerem Handeln (werte-orientierte Schritte). Mit der Zeit wirst du bemerken, dass du zunehmend flexibler wirst – fähiger, in Richtung deiner Werte zu handeln, selbst wenn schwierige Gedanken und Gefühle präsent sind.

Thomas, ein 45-jähriger Softwareentwickler und Vater zweier Teenager, litt unter einer starken Tendenz zur Katastrophisierung. Wenn seine Kinder zu spät nach Hause kamen, malte er sich sofort schlimmste Szenarien aus. Wenn ein Projekt bei der Arbeit nicht optimal lief, war er überzeugt, dass er seinen Job verlieren würde. Diese Gedankenmuster führten zu chronischer Anspannung, Schlafproblemen und zunehmender Reizbarkeit, die seine Beziehungen belastete.

In einer ACT-orientierten Therapie lernte Thomas zunächst, seine Katastrophisierungsgedanken zu erkennen. Er begann, sie aufzuschreiben und bemerkte wiederkehrende Muster wie „Was wäre, wenn etwas Schreckliches passiert?" oder „Ich werde völlig versagen".

Ein Wendepunkt kam, als er die Defusionsübung „Der Gedanke auf einem Blatt" praktizierte. Er schrieb seine Katastrophengedanken auf kleine Zettel und experimentierte damit, sie physisch vor sich zu halten, sie aus verschiedenen Entfernungen zu betrachten, sie in seltsamen Stimmen zu lesen oder sie zu falten und in seine Tasche zu stecken.

„Es klingt so einfach, aber für mich war es eine Offenbarung", erzählte Thomas später. „Ich erkannte, dass diese Gedanken nicht die Realität sind – sie sind nur Geschichten, die mein Verstand produziert. Ich kann sie haben, ohne dass sie mich vollständig kontrollieren."

Mit zunehmender Übung begann Thomas, den Spalt zwischen seinen Katastrophengedanken und seinen Reaktionen zu bemerken. Wenn seine Kinder verspätet waren, konnte er den Gedanken „Es ist etwas Schreckliches passiert" als einen Gedanken erkennen, nicht als Tatsache. Er konnte ihn beobachten, ohne sofort in Panik zu verfallen, und dann bewusst entscheiden, wie er reagieren wollte –

vielleicht durch einen ruhigen Anruf statt durch verzweifelte Nachrichten.

Bei der Arbeit half ihm die „Willensbus"-Metapher. Er visualisierte sich als Busfahrer mit den kritischen, katastrophisierenden Gedanken als laute Passagiere. Statt anzuhalten und mit ihnen zu kämpfen, lernte er, weiterzufahren in Richtung seiner Werte – wie Sorgfalt und Kreativität in seiner Arbeit – auch wenn diese Gedanken weiter im Bus saßen und Lärm machten.

Thomas berichtete nach sechs Monaten Praxis: „Die Katastrophengedanken sind nicht verschwunden, aber sie haben nicht mehr die gleiche Macht über mich. Ich kann sie bemerken, ihnen zunicken und trotzdem das tun, was mir wichtig ist. Das hat die Qualität meines Lebens und meiner Beziehungen völlig verändert."

Die Verbindung von ACT zu anderen Ansätzen
ACT steht nicht isoliert da, sondern hat bedeutsame Verbindungen zu anderen therapeutischen und philosophischen Ansätzen:

ACT und Achtsamkeit
Die Überschneidungen zwischen ACT und Achtsamkeitspraxis sind offensichtlich. Beide betonen die bewusste Aufmerksamkeit auf den gegenwärtigen Moment und eine nicht-wertende Haltung gegenüber inneren Erfahrungen. ACT integriert diese Achtsamkeitselemente in ein brei-

teres Framework, das Werte und engagiertes Handeln betont.

ACT und kognitive Verhaltenstherapie (KVT)

ACT wird oft als Teil der „dritten Welle" der Verhaltenstherapie betrachtet. Während die traditionelle KVT häufig darauf abzielt, dysfunktionale Gedanken zu identifizieren und zu verändern, fokussiert ACT mehr darauf, die Beziehung zu unseren Gedanken zu verändern, nicht ihren Inhalt. Beide Ansätze können komplementär eingesetzt werden.

ACT und östliche Philosophie

Viele ACT-Konzepte haben Parallelen in buddhistischen und taoistischen Traditionen, besonders die Betonung von Akzeptanz, Nicht-Anhaftung und der Beobachtung des Geistes. ACT übersetzt diese alten Weisheiten in eine zeitgemäße, wissenschaftlich fundierte Sprache.

ACT und existenzielle Psychologie

ACT teilt mit existenziellen Ansätzen die Betonung persönlicher Werte und Sinnfindung sowie die Anerkennung von Leid als unvermeidlichem Teil der menschlichen Existenz.

Wissenschaftliche Evidenz für ACT

ACT ist einer der am besten untersuchten therapeutischen Ansätze der „dritten Welle". Zahlreiche Studien belegen seine Wirksamkeit bei verschiedenen psychischen Herausforderungen:

Eine Metaanalyse von A-Tjak et al. (2015) über 39 randomisierte kontrollierte Studien zeigte, dass ACT wirksam bei Depressionen, Angststörungen, Sucht und somatischen Gesundheitsproblemen ist.

Forschungen von Bond und Bunce zeigten, dass ACT-basierte Interventionen am Arbeitsplatz die psychische Gesundheit verbessern und die Produktivität steigern können.

Eine Studie von Gifford et al. fand, dass ACT bei der Raucherentwöhnung langfristig wirksamer war als eine Nikotinersatztherapie allein.

Besonders relevant für unser Thema ist die Forschung, die zeigt, dass ACT effektiv emotionale Reaktivität reduzieren kann. Eine Studie von Boelen und Reijntjes zeigte, dass ACT-basierte Defusionstechniken die emotionale Belastung durch negative Selbstaussagen signifikant reduzierten.

Grenzen und Anpassungen
Während ACT ein mächtiges Werkzeug zur Erweiterung des Spalts zwischen Reiz und Reaktion ist, hat auch dieser Ansatz Grenzen und erfordert manchmal Anpassungen:

Für Menschen mit Traumaerfahrungen kann direkte Akzeptanz schwieriger Gefühle zunächst überwältigend sein. Hier ist ein gradueller Ansatz mit zusätzlichen stabilisierenden Techniken sinnvoll.

Bei akuten psychischen Krisen kann eine stärkere Strukturierung und direktere Symptomlinderung vorrangig sein, bevor tiefere ACT-Prozesse erkundet werden.

Kulturelle Unterschiede im Umgang mit Emotionen und im Verständnis von Werten sollten berücksichtigt werden.

Es ist wichtig zu verstehen, dass ACT kein „one-size-fits-all"-Ansatz ist, sondern flexibel an individuelle Bedürfnisse angepasst werden kann und sollte.

Reflexionsfragen
Bevor wir dieses Kapitel abschließen, nimm dir einen Moment Zeit, um über folgende Fragen nachzudenken:

Welcher der sechs ACT-Prozesse erscheint dir am relevantesten für deinen eigenen Spalt zwischen Reiz und Reaktion?

Welche deiner Gedanken oder Gefühle versuchen am stärksten, „deinen Bus zu fahren"? Wie könnte es aussehen, wenn du diese Passagiere mitnimmst, aber weiter in Richtung deiner Werte fährst?

Welche 2-3 Werte möchtest du in den kommenden Wochen stärker in deinem Leben zum Ausdruck bringen?

Welche der vorgestellten Defusionsübungen spricht dich am meisten an, und wie könntest du sie in deinen Alltag integrieren?

Wie könnte dein Leben in einem Jahr aussehen, wenn du regelmäßig die Prinzipien der ACT praktizierst?

Zusammenfassung

In diesem Kapitel haben wir die Akzeptanz- und Commitment-Therapie (ACT) als einen kraftvollen Ansatz zur Erweiterung des Spalts zwischen Reiz und Reaktion kennengelernt:

Die sechs Kernprozesse der ACT – Akzeptanz, Defusion, Präsenz, Selbst als Kontext, Werte und engagiertes Handeln – bieten komplementäre Wege, um mit schwierigen Gedanken und Gefühlen umzugehen und ein wertorientiertes Leben zu führen.

Praktische Übungen wie der Werte-Kompass, Defusionsübungen, der mitfühlende Beobachter und das willige Händehalten geben uns konkrete Werkzeuge, um diese Prinzipien im Alltag anzuwenden.

Metaphern wie der Willensbus und der Treibsand helfen uns, komplexe psychologische Prozesse intuitiv zu verstehen und zu erfahren.

Die tägliche Praxis werte-orientierter Handlungen, auch in Gegenwart schwieriger Gedanken und Gefühle, ist ein zentraler Weg, um psychologische Flexibilität zu entwickeln.

ACT ist wissenschaftlich gut fundiert und hat Verbindungen zu anderen therapeutischen Ansätzen und Weisheitstraditionen.

ACT bietet einen umfassenden Rahmen, um den Spalt zwischen Reiz und Reaktion nicht nur zu erkennen, sondern aktiv für ein reicheres, wertorientiertes Leben zu nutzen. Es geht nicht darum, frei von schwierigen Gedanken und Gefühlen zu werden, sondern darum, mit ihnen unterwegs zu sein, während wir uns in Richtung dessen bewegen, was uns wirklich wichtig ist.

Im nächsten Kapitel werden wir Techniken der kognitiven Umstrukturierung erkunden – Methoden, die uns helfen, die Inhalte unserer Gedanken zu hinterfragen und flexible Denkweisen zu entwickeln, die unsere innere Souveränität weiter stärken.

Kognitive Umstrukturierung

„Die Menschen leiden nicht unter den Dingen selbst, sondern unter ihren Vorstellungen von den Dingen."

— Epiktet, griechischer Philosoph

Stell dir die folgende Situation vor: Du hältst eine wichtige Präsentation, und während du sprichst, bemerkst du, wie ein Teilnehmer im hinteren Bereich des Raumes gähnt. In diesem Moment schießt dir der Gedanke durch den Kopf: „Meine Präsentation ist langweilig. Ich versage komplett." Dein Herzschlag beschleunigt sich, deine Stimme wird unsicherer, und du vergisst, was du eigentlich sagen wolltest.

Was ist hier passiert? Der Teilnehmer hat gegähnt – das ist die objektive Tatsache. Deine Interpretation „Meine Präsentation ist langweilig" ist jedoch eine Schlussfolgerung, keine Tatsache. Diese Interpretation führt zu negativen Gefühlen und einem Leistungsabfall, was wiederum deine ursprüngliche Interpretation zu bestätigen scheint – ein klassischer Teufelskreis.

In den vorherigen Kapiteln haben wir gelernt, den Spalt zwischen Reiz und Reaktion zu erkennen und durch Achtsamkeit zu erweitern. Wir haben ACT-basierte Strategien kennengelernt, um eine neue Beziehung zu unseren Gedanken zu entwickeln. In diesem Kapitel wenden wir uns nun einem weiteren mächtigen Werkzeug zu: der kognitiven Umstrukturierung – der Fähigkeit, unsere Gedanken zu hinterfragen und flexiblere, hilfreichere Denkweisen zu entwickeln.

Die 10 häufigsten kognitiven Verzerrungen mit Alltagsbeispielen

Kognitive Verzerrungen sind systematische Fehler in unserem Denken – Muster, die unsere Wahrnehmung und Interpretation der Realität verzerren. Sie wirken meist unbewusst und automatisch, können aber erheblichen Einfluss auf unsere Gefühle und unser Verhalten haben. Indem wir diese Muster erkennen lernen, gewinnen wir die Möglichkeit, sie bewusst zu korrigieren.

Hier sind die zehn häufigsten kognitiven Verzerrungen, die unsere automatischen Reaktionen beeinflussen:

1. Alles-oder-Nichts-Denken (Schwarz-Weiß-Denken)

Definition: Die Tendenz, Situationen in extremen, absoluten Kategorien zu sehen, ohne Raum für Zwischentöne oder Nuancen.

Alltagsbeispiel: Nach einem Fehler bei der Arbeit denkst du: „Ich bin völlig inkompetent" statt „Ich habe einen Fehler gemacht, aber auch vieles richtig gemacht."

Auswirkung: Dieses Denkmuster führt oft zu übermäßiger Selbstkritik und perfektionistischen Ansprüchen, die Stress und Angst verstärken.

2. Übergeneralisierung

Definition: Ein einzelnes negatives Ereignis wird als Teil eines endlosen Musters von Niederlagen interpretiert.

Alltagsbeispiel: Nach einer abgelehnten Verabredung denkst du: „Niemand wird jemals an mir interessiert sein" statt „Diese Person und ich haben nicht zusammengepasst."

Auswirkung: Übergeneralisierung führt zu einem Gefühl der Hoffnungslosigkeit und kann uns davon abhalten, neue Chancen wahrzunehmen.

3. Mentaler Filter (selektive Wahrnehmung)

Definition: Die Tendenz, sich auf ein einzelnes negatives Detail zu fokussieren, während alle positiven Aspekte einer Situation ausgeblendet werden.

Alltagsbeispiel: Nach einem Feedbackgespräch, in dem du neun positive Kommentare und eine konstruktive Kritik erhältst, kreisen deine Gedanken ausschließlich um den kritischen Punkt.

Auswirkung: Dieser Filter färbt unsere gesamte Wahrnehmung der Realität negativ ein und verhindert, dass wir

Erfolge und positive Aspekte wahrnehmen und wertschätzen.

4. Gedankenlesen

Definition: Die Annahme, zu wissen, was andere denken, ohne ausreichende Beweise oder ohne nachzufragen.

Alltagsbeispiel: Dein Chef schaut während deiner Präsentation auf sein Handy, und du denkst: „Er findet meine Ideen nutzlos" statt „Vielleicht hat er einen dringenden Anruf erwartet."

Auswirkung: Gedankenlesen führt häufig zu Missverständnissen in Beziehungen und unnötigen negativen Gefühlen.

5. Katastrophisieren

Definition: Übermäßiges Dramatisieren negativer Ereignisse und Vorhersage der schlimmstmöglichen Konsequenzen.

Alltagsbeispiel: Bei leichten Brustschmerzen denkst du sofort: „Ich habe einen Herzinfarkt und werde sterben" statt „Das könnte Muskelverspannung sein, aber ich sollte es beobachten."

Auswirkung: Katastrophisieren erhöht Angst und Stress erheblich und kann zu Vermeidungsverhalten führen.

6. Emotionale Beweisführung
Definition: Die Annahme, dass deine Gefühle notwendigerweise die Realität widerspiegeln.

Alltagsbeispiel: „Ich fühle mich inkompetent, also muss ich inkompetent sein" statt „Ich fühle mich momentan inkompetent, aber Gefühle sind nicht immer eine akkurate Darstellung der Realität."

Auswirkung: Diese Verzerrung lässt uns Emotionen als Fakten behandeln, was zu verzerrten Selbstbildern und Fehlentscheidungen führen kann.

7. Sollte-Aussagen
Definition: Die Verwendung rigider, unflexibler Regeln darüber, wie du oder andere sich verhalten „sollten" oder „müssten".

Alltagsbeispiel: „Ich sollte immer produktiv sein" oder „Andere sollten meine Bedürfnisse erkennen, ohne dass ich sie äußere."

Auswirkung: Sollte-Aussagen erzeugen oft Schuldgefühle, Scham, Ärger und Frustration, da sie unrealistische Erwartungen an uns selbst und andere stellen.

8. Personalisierung

Definition: Die Tendenz, die Verantwortung für Ereignisse zu übernehmen, die außerhalb deiner Kontrolle liegen.

Alltagsbeispiel: Wenn ein Projekt im Team scheitert, denkst du: „Es ist alles meine Schuld" statt zu erkennen, dass viele Faktoren eine Rolle gespielt haben.

Auswirkung: Personalisierung führt zu übermäßigen Schuldgefühlen und einem unrealistischen Gefühl der Kontrolle über externe Ereignisse.

9. Etikettierung

Definition: Extreme Form der Übergeneralisierung, bei der du oder andere aufgrund einzelner Verhaltensweisen mit globalen Etiketten versehen werden.

Alltagsbeispiel: Nach einem Fehler denkst du: „Ich bin ein Versager" statt „Ich habe einen Fehler gemacht" oder über jemanden, der unfreundlich war: „Er ist ein schrecklicher Mensch" statt „Er verhielt sich in dieser Situation unfreundlich."

Auswirkung: Etikettierung führt zu starren, übermäßig negativen Selbst- und Fremdbildern, die uns blind für komplexere Realitäten machen.

10. Disqualifizierung des Positiven

Definition: Positive Erfahrungen werden abgewertet oder ignoriert, indem Gründe gefunden werden, warum sie „nicht zählen".

Alltagsbeispiel: Wenn jemand deine Arbeit lobt, denkst du: „Das sagt er nur, um nett zu sein" oder „Das war reines Glück, jeder hätte das geschafft."

Auswirkung: Durch diese Verzerrung bleibt das negative Selbstbild trotz gegenteiliger Beweise intakt und verhindert den Aufbau von Selbstvertrauen.

Das ABC-Modell: Ein Werkzeug zur Gedankenanalyse
Um unsere Gedanken effektiv zu hinterfragen, brauchen wir ein strukturiertes Werkzeug. Das ABC-Modell, entwickelt von Albert Ellis, dem Begründer der Rational-Emotiven Verhaltenstherapie (REVT), bietet einen klaren Rahmen, um den Zusammenhang zwischen Ereignissen, Gedanken und emotionalen Reaktionen zu verstehen.

Die Buchstaben im ABC-Modell stehen für:

A - Auslösendes Ereignis (Activating Event): Das objektive Geschehen oder die Situation, die eine Reaktion auslöst.

B - Bewertung (Belief): Deine Gedanken, Interpretationen oder Überzeugungen über das Ereignis.

C - Konsequenzen (Consequences): Die emotionalen und verhaltensbezogenen Folgen deiner Bewertung.

Die zentrale Erkenntnis des ABC-Modells ist: Nicht das Ereignis (A) verursacht direkt deine emotionale Reaktion (C), sondern deine Bewertung (B) des Ereignisses. Diese Einsicht gibt uns Handlungsmacht – wir können unsere Bewertungen verändern, auch wenn wir das Ereignis selbst nicht beeinflussen können.

Übung: Das ABC-Modell mit Arbeitsblatt
Diese Übung hilft dir, das ABC-Modell auf konkrete Situationen in deinem Leben anzuwenden und zu erkennen, wie deine Gedanken deine emotionalen Reaktionen beeinflussen.

Du benötigst: Papier und Stift oder das folgende Arbeitsblatt-Format

Anleitung:

Identifiziere eine herausfordernde Situation:
Wähle eine kürzlich erlebte Situation, in der du eine starke negative emotionale Reaktion hattest.

Fülle das ABC-Arbeitsblatt aus:

A - Auslösendes Ereignis:

Beschreibe so objektiv wie möglich, was passiert ist. Versuche, bei den Fakten zu bleiben, ohne Interpretationen einzufügen.

Beispiel: „Mein Kollege hat in der Teambesprechung meinen Vorschlag unterbrochen und einen eigenen Vorschlag eingebracht."

B - Bewertung:
Welche Gedanken gingen dir durch den Kopf? Was hast du dir über die Situation, dich selbst oder andere gesagt?

Beispiel: „Er respektiert mich nicht. Meine Ideen sind wertlos. Ich werde im Team nicht ernst genommen."

C - Konsequenzen:
Welche Gefühle hast du erlebt? Wie intensiv waren sie auf einer Skala von 1-10? Wie hast du dich verhalten?

Beispiel: „Wut (8/10), Scham (7/10). Ich habe mich für den Rest der Besprechung zurückgezogen und nichts mehr gesagt."

Identifiziere kognitive Verzerrungen:
Überprüfe deine Bewertungen (B). Welche kognitiven Verzerrungen erkennst du?

Beispiel: „Gedankenlesen (ich nehme an zu wissen, dass er mich nicht respektiert), Übergeneralisierung (von einer

Unterbrechung zu ‚ich werde nicht ernst genommen'), Personalisierung (die Unterbrechung persönlich nehmen)."

Entwickle alternative Bewertungen:
Welche alternativen, ausgewogeneren Interpretationen könnte es für die Situation geben?

Beispiel: „Vielleicht war mein Kollege einfach enthusiastisch über seine Idee und hat nicht bemerkt, dass er mich unterbrochen hat. Eine Unterbrechung bedeutet nicht, dass meine Ideen wertlos sind. Andere im Team haben mir zuvor positives Feedback gegeben."

Neue Konsequenzen:
Wie würdest du dich fühlen und verhalten, wenn du die alternative Bewertung annehmen würdest?

Beispiel: „Ich wäre vielleicht leicht irritiert (3/10), aber nicht wütend oder beschämt. Ich könnte höflich sagen: ‚Ich würde gerne meinen Gedanken zu Ende führen, bevor wir zu deiner Idee übergehen.'"

Durch die wiederholte Anwendung dieses Modells lernst du, den Spalt zwischen Auslöser (A) und Konsequenzen (C) zu erweitern, indem du dir deiner Bewertungen (B) bewusster wirst und sie hinterfragst.

Die 4 Fragen der kognitiven Umstrukturierung

Nachdem wir unsere Gedanken mit dem ABC-Modell identifiziert haben, können wir sie mit den „4 Fragen der kognitiven Umstrukturierung" systematisch untersuchen. Diese Fragen, inspiriert von verschiedenen kognitiven Therapieansätzen, helfen uns, starre Denkmuster aufzubrechen und flexiblere Perspektiven zu entwickeln.

Übung: Die 4 Fragen der kognitiven Umstrukturierung
Anleitung:

Wähle einen belastenden Gedanken, der wiederholt auftaucht oder dich besonders beeinträchtigt. Schreibe diesen Gedanken auf und untersuche ihn mit den folgenden vier Fragen:

1. Beweise: Welche Beweise sprechen für und gegen diesen Gedanken?

Sammle konkrete Fakten (nicht Interpretationen oder Gefühle), die deinen Gedanken entweder stützen oder widerlegen.

Beispiel für den Gedanken „Ich bin sozial inkompetent":

Beweise dafür: „Bei der letzten Party habe ich mehrere Gesprächspausen erlebt."
Beweise dagegen: „Ich habe drei gute Freunde, die ich seit Jahren kenne. Meine Kollegin bat mich kürzlich um Rat bei einem persönlichen Problem."

2. Alternative Erklärungen: Gibt es andere Interpretationen für die Situation?

Stelle dir vor, ein wohlwollender Freund würde die gleiche Situation betrachten. Welche anderen Erklärungen könnte es geben?

Beispiel:

„Die Gesprächspausen könnten einfach Teil normaler sozialer Interaktion sein."
„Vielleicht waren die anderen Gäste müde oder hatten selbst mit Unsicherheit zu kämpfen."
„In manchen Situationen fühle ich mich sicherer als in anderen, das ist bei den meisten Menschen so."
3. Katastrophenprüfung: Selbst wenn der Gedanke teilweise wahr wäre, was wäre die realistische Konsequenz?

Überprüfe, ob du die Folgen überdramatisierst. Was würde realistischerweise passieren?

Beispiel:

„Selbst wenn ich in manchen sozialen Situationen unbeholfen wirke, bedeutet das nicht, dass andere mich ablehnen oder verurteilen."
„Soziale Fähigkeiten können verbessert werden – es ist kein unveränderliches Persönlichkeitsmerkmal."

„Die meisten Menschen sind mit ihren eigenen Gedanken beschäftigt und bemerken meine Unsicherheit wahrscheinlich gar nicht so stark."

4. Nützlichkeit: Hilft mir dieser Gedanke, meine Ziele zu erreichen und mein Leben zu verbessern?

Überlege, ob dieser Gedanke dir dienlich ist oder dich behindert. Würdest du ihn einem Freund mit ähnlichen Sorgen empfehlen?

Beispiel:

„Der Gedanke ‚Ich bin sozial inkompetent' erhöht meine Ängste vor sozialen Situationen und führt dazu, dass ich sie vermeide."
„Diese Überzeugung hält mich davon ab, neue Kontakte zu knüpfen oder zu vertiefen."
„Sie gibt mir keine konstruktive Richtung, wie ich meine Kommunikationsfähigkeiten verbessern könnte."
5. Ausgewogenerer Gedanke: Wie könnte eine realistischere, hilfreichere Perspektive aussehen?

Basierend auf deinen Antworten zu den vier Fragen, formuliere einen ausgewogeneren Gedanken, der die Realität besser widerspiegelt und dir hilft, konstruktiv zu handeln.

Beispiel:

„In manchen sozialen Situationen fühle ich mich unwohl, was völlig normal ist. Ich habe bereits bewiesen, dass ich bedeutungsvolle Beziehungen aufbauen kann. Ich kann meine Komfortzone schrittweise erweitern und dabei lernen." Diese Übung trainiert deine Fähigkeit zur kognitiven Flexibilität – statt in einer einzigen, oft negativen Interpretation gefangen zu sein, lernst du, multiple Perspektiven zu erwägen und auszuwählen, welche du annehmen möchtest.

„Der Gedankenanwalt" - Gegenbeweise sammeln
Manchmal sind unsere negativen Überzeugungen so tief verwurzelt, dass es uns schwerfällt, sie zu hinterfragen. In solchen Fällen kann die „Gedankenanwalt"-Technik besonders hilfreich sein. Sie nutzt eine hypothetische Gerichtssituation, um festgefahrene Denkmuster aufzubrechen.

Übung: Der Gedankenanwalt
Anleitung:

Identifiziere die negative Überzeugung:
Schreibe eine negative Überzeugung auf, die dich belastet (z.B. „Ich werde niemals erfolgreich sein").

Stelle dir einen Gerichtssaal vor:

Diese Überzeugung steht vor Gericht. Dein innerer Kritiker ist der Staatsanwalt, der Beweise für die Richtigkeit dieser Überzeugung sammelt.

Werde zum Verteidiger:
Deine Aufgabe ist es nun, als Verteidiger zu agieren und Gegenbeweise zu sammeln, die diese Überzeugung entkräften. Sammle so viele konkrete Beweise wie möglich:

Vergangene Erfahrungen, die der Überzeugung widersprechen
Fähigkeiten und Stärken, die du besitzt
Positive Rückmeldungen, die du erhalten hast
Beispiele von Fortschritten, die du gemacht hast
Externe Faktoren, die die Situation beeinflussen
Befrage Zeugen:
Stelle dir vor, du könntest wohlwollende „Zeugen" befragen. Was würden folgende Personen zu deiner Überzeugung sagen?:

Ein guter Freund, der dich wirklich kennt
Ein Mentor oder jemand, der dich unterstützt hat
Dein 80-jähriges zukünftiges Ich, das auf dein Leben zurückblickt
Ein unbeteiligter, objektiver Beobachter deiner Situation
Plädoyer:
Basierend auf den gesammelten Gegenbeweisen, verfasse ein kurzes Plädoyer gegen die negative Überzeugung.

Urteil:
Formuliere eine ausgewogenere, realistischere Überzeugung, die die gesammelten Beweise berücksichtigt.

Diese Übung nutzt die Metapher des Gerichtssaals, um einen psychologischen Abstand zu deinem inneren Kritiker zu schaffen. Sie hilft dir, aus dem „Tunnel" deiner negativen Überzeugung herauszutreten und eine breitere Perspektive einzunehmen.

Fallbeispiel: Thomas und seine Katastrophisierungstendenzen
Thomas, ein 38-jähriger Marketingmanager und Vater zweier Kinder, litt unter starken Katastrophisierungstendenzen. Wenn ein Problem bei der Arbeit auftauchte, überschwemmten ihn sofort Gedanken wie: „Das Projekt wird komplett scheitern. Der Kunde wird kündigen. Ich werde meinen Job verlieren. Meine Familie wird leiden."

Diese Gedanken führten zu intensiver Angst, Schlaflosigkeit und einer ständigen inneren Anspannung, die sowohl seine Arbeitsleistung als auch sein Familienleben beeinträchtigte. Kleinere Herausforderungen wurden in seinem Kopf schnell zu existenziellen Bedrohungen.

Mit Hilfe kognitiver Umstrukturierung begann Thomas, seine katastrophisierenden Gedanken zu identifizieren und zu hinterfragen. Er nutzte das ABC-Modell, um den

Zusammenhang zwischen seinen Gedanken und seinen emotionalen Reaktionen zu erkennen:

A (Auslösendes Ereignis): Ein Kunde äußert Bedenken zu einem Teil des Projektplans.

B (Bewertung): „Das Projekt wird scheitern. Der Kunde wird uns verlassen. Ich werde gefeuert werden."

C (Konsequenzen): Intensive Angst (9/10), Schlafstörungen, übermäßiges Grübeln

Thomas erkannte die kognitive Verzerrung des Katastrophisierens in seinen Gedanken. Mit den vier Fragen der kognitiven Umstrukturierung untersuchte er seine Bewertung:

1. Beweise:

Für die Katastrophe: Der Kunde hat Bedenken geäußert. Gegen die Katastrophe: Der Kunde hat nur einen Teilaspekt kritisiert, nicht das gesamte Projekt. In der Vergangenheit wurden Kundenbedenken erfolgreich adressiert. Sein Vorgesetzter hat seine Arbeit kürzlich gelobt.
2. Alternative Erklärungen:

Der Kunde möchte konstruktives Feedback geben, um das Projekt zu verbessern.

Die Bedenken sind Teil eines normalen Projektprozesses und bieten die Chance, das Endergebnis zu optimieren.

3. Katastrophenprüfung:

Selbst wenn der Kunde unzufrieden wäre, gibt es Möglichkeiten, die Situation zu korrigieren. In seiner 12-jährigen Karriere hat Thomas zahlreiche Herausforderungen erfolgreich gemeistert. Selbst im unwahrscheinlichen Fall eines Jobverlusts hätte er mit seiner Erfahrung gute Chancen auf dem Arbeitsmarkt.

4. Nützlichkeit:

Die katastrophisierenden Gedanken erhöhen seinen Stress und verringern seine Fähigkeit, konstruktiv zu handeln. Sie lenken Energie von der eigentlichen Problemlösung ab.

Basierend auf dieser Analyse formulierte Thomas einen ausgewogeneren Gedanken:

„Der Kunde hat Bedenken zu einem Teilaspekt geäußert, was eine normale und sogar wertvolle Phase im Projektprozess ist. Ich kann seine Rückmeldung nutzen, um das Projekt zu verbessern. Ich habe in der Vergangenheit bewiesen, dass ich mit Herausforderungen umgehen kann, und mein Team wird mich unterstützen."

Mit kontinuierlicher Übung konnte Thomas seine katastrophisierenden Gedanken immer früher erkennen und hinterfragen. Er berichtete nach drei Monaten regelmäßiger Praxis:

„Ich katastrophisiere immer noch, aber ich erkenne es jetzt viel schneller. Der entscheidende Unterschied ist, dass ich nicht mehr automatisch glaube, dass diese Gedanken wahr sind. Ich kann innehalten, sie hinterfragen und realistischere Alternativen finden. Meine Angst hat deutlich abgenommen, und ich schlafe wieder besser. Am wichtigsten ist, dass ich präsenter für meine Familie sein kann, statt ständig in Sorgen gefangen zu sein."

Thomas' Geschichte verdeutlicht, wie kognitive Umstrukturierung den Spalt zwischen Reiz und Reaktion erweitert, indem sie uns ermöglicht, unsere automatischen Gedanken zu erkennen, zu hinterfragen und durch ausgewogenere Perspektiven zu ersetzen.

Wissenschaft: Neuroplastizität und die Veränderung von Denkmustern
Die Fähigkeit, unsere Denkmuster zu verändern, basiert auf einem faszinierenden Prinzip unseres Gehirns: der Neuroplastizität – der Fähigkeit des Gehirns, sich lebenslang durch Erfahrung und Übung umzustrukturieren und anzupassen.

Wie entstehen Denkmuster?

Unsere Gedanken sind nicht zufällig. Sie folgen Bahnen, die durch wiederholte Aktivierung verstärkt wurden – ähnlich wie Trampelpfade, die durch häufiges Begehen entstehen. Neurobiologisch gesprochen: Neuronen, die zusammen feuern, verbinden sich stärker (Hebb'sches Prinzip).

Wenn wir wiederholt katastrophisierende Gedanken haben, werden die entsprechenden neuronalen Pfade gestärkt, und diese Denkweise wird zur Gewohnheit. Sie wird zu unserem „Autopiloten" – dem Standardmodus, in den unser Gehirn unter Stress verfällt.

Wie verändert kognitive Umstrukturierung das Gehirn? Neurowissenschaftliche Studien mit funktioneller Magnetresonanztomographie (fMRI) haben gezeigt, dass kognitive Umstrukturierung messbare Veränderungen in der Gehirnaktivität bewirkt:

Reduzierte Amygdala-Aktivität: Die Amygdala, unser „Alarmsystem", zeigt verringerte Aktivität, wenn wir negative Gedanken hinterfragen und umdeuten.

Erhöhte präfrontale Aktivität: Der präfrontale Kortex, zuständig für höhere kognitive Funktionen wie Analyse und Bewertung, wird stärker aktiviert.

Veränderte Konnektivität: Die Verbindungen zwischen dem präfrontalen Kortex und der Amygdala werden gestärkt, was zu besserer emotionaler Regulation führt.

Eine Studie von Goldin und Gross (2010) zeigte, dass nach acht Wochen Training in kognitiver Umstrukturierung die Teilnehmer nicht nur eine subjektive Verbesserung ihrer emotionalen Reaktionen berichteten, sondern auch objektiv messbare Veränderungen in den beschriebenen Gehirnregionen aufwiesen.

Der Zeitrahmen für Veränderung
Die gute Nachricht ist: Unser Gehirn kann sich erstaunlich schnell anpassen. Einige Studien zeigen messbare Veränderungen in der Gehirnaktivität bereits nach wenigen Wochen regelmäßiger Übung. Die dauerhafte Umstrukturierung tiefer Denkmuster erfordert jedoch konsistente Praxis über einen längeren Zeitraum.

Es ist wie beim Erlernen eines Musikinstruments: Die ersten Fortschritte können schnell sichtbar werden, aber Meisterschaft erfordert regelmäßiges Üben über Monate und Jahre. Je tiefer und länger etabliert ein Denkmuster ist, desto mehr Übung braucht es, um es zu verändern.

Die Forschung zeigt jedoch auch, dass der Prozess selbstverstärkend ist: Mit jedem Erfolg bei der Umstrukturierung eines negativen Gedankens wird der neue, konstruktivere Denkpfad stärker, und die Veränderung wird zunehmend leichter.

Integration mit anderen Ansätzen

Kognitive Umstrukturierung ist ein mächtiges Werkzeug, wirkt aber am besten in Kombination mit anderen Ansätzen, die wir in diesem Buch kennenlernen. Hier sind einige Möglichkeiten der Integration:

Kognitive Umstrukturierung und Achtsamkeit

Achtsamkeit hilft uns, unsere Gedanken zu bemerken, ohne sofort in sie verstrickt zu werden. Dies schafft den notwendigen Raum, um kognitive Umstrukturierung anwenden zu können. Die Kombination beider Ansätze ist besonders wirksam:

Mit Achtsamkeit erkennen wir den Gedanken: „Ah, da ist ein Gedanke über Versagen."
Mit kognitiver Umstrukturierung hinterfragen wir ihn: „Welche Beweise gibt es dafür und dagegen? Welche alternativen Perspektiven könnte es geben?"

Kognitive Umstrukturierung und ACT

Während ACT weniger auf die Veränderung des Gedankeninhalts und mehr auf die Veränderung unserer Beziehung zu Gedanken abzielt, können beide Ansätze komplementär eingesetzt werden:

ACT-Defusionstechniken helfen uns, uns von besonders hartnäckigen negativen Gedanken zu distanzieren.

Kognitive Umstrukturierung hilft uns, spezifische verzerrte Überzeugungen zu identifizieren und zu korrigieren.

Der werteorientierte Fokus von ACT kann die Motivation zur kognitiven Umstrukturierung stärken.

Eine wirksame Kombination könnte so aussehen:

Defusion: „Ich bemerke, dass ich den Gedanken habe, ich sei ein Versager."

Kognitive Umstrukturierung: „Dieser Gedanke enthält die Verzerrung der Etikettierung. Eine ausgewogenere Sichtweise wäre..."

Werte: „Ich wähle, mich auf diese ausgewogenere Sichtweise zu konzentrieren, weil sie mir hilft, in Richtung meiner Werte zu handeln."

Kognitive Umstrukturierung und körperbasierte Ansätze

Unsere Gedanken beeinflussen unseren Körper, aber die Verbindung funktioniert auch umgekehrt. Körperliche Zustände können unsere kognitiven Prozesse unterstützen oder behindern:

Ein entspannterer Körperzustand erleichtert das Hinterfragen automatischer Gedanken.

Körperliche Bewegung kann festgefahrene Denkmuster lockern.

Atemtechniken können die kognitive Flexibilität erhöhen.

Eine ganzheitliche Praxis könnte beinhalten, vor der kognitiven Umstrukturierung bewusst zu atmen und sich körperlich zu entspannen, um optimale Bedingungen für flexibleres Denken zu schaffen.

Grenzen der kognitiven Umstrukturierung

Bei aller Wirksamkeit hat die kognitive Umstrukturierung auch Grenzen, die wir anerkennen sollten:

Nicht alle Gedanken sind zugänglich: Manche Überzeugungen operieren so tief unbewusst, dass sie schwer zu identifizieren und direkt zu hinterfragen sind.

Emotionale Intensität: Bei sehr intensiven Emotionen kann die kognitive Kapazität zum Hinterfragen von Gedanken eingeschränkt sein. In solchen Momenten sind Selbstberuhigungstechniken oft hilfreicher als kognitive Umstrukturierung.

Kulturelle und kontextuelle Faktoren: Manche negativen Gedanken reflektieren reale systemische Benachteiligungen oder traumatische Erfahrungen. Hier ist es wichtig, den Kontext zu berücksichtigen und nicht ausschließlich auf individuelles Umdenken zu fokussieren.

Widerstand gegen Veränderung: Manche Denkmuster haben sich über Jahrzehnte entwickelt und dienen möglicherweise unbewussten Schutzfunktionen. Ihr Wandel erfordert Zeit, Geduld und manchmal professionelle Unterstützung.

Die Anerkennung dieser Grenzen bedeutet nicht, dass kognitive Umstrukturierung nicht wertvoll ist – sie hilft uns vielmehr, realistischere Erwartungen zu setzen und bei Bedarf zusätzliche Ansätze zu integrieren.

Reflexionsfragen
Bevor wir dieses Kapitel abschließen, nimm dir einen Moment Zeit, um über folgende Fragen nachzudenken:

Welche kognitiven Verzerrungen erkennst du am häufigsten in deinem eigenen Denken?

Welche spezifischen Situationen oder Themen lösen bei dir besonders stark verzerrte Gedanken aus?

Wie könnte regelmäßige kognitive Umstrukturierung den Spalt zwischen Reiz und Reaktion in deinem Leben erweitern?

Welche der vorgestellten Techniken erscheint dir am hilfreichsten für deine persönliche Situation?

Wie könntest du kognitive Umstrukturierung mit anderen bisher gelernten Praktiken (Achtsamkeit, ACT) verbinden?

Zusammenfassung
In diesem Kapitel haben wir die Prinzipien und Praktiken der kognitiven Umstrukturierung erkundet – ein mäch-

tiges Werkzeug zur Erweiterung des Spalts zwischen Reiz und Reaktion:

Die zehn häufigsten kognitiven Verzerrungen wie Schwarz-Weiß-Denken, Katastrophisieren und Gedankenlesen prägen unsere automatischen Reaktionen und können zu unnötigem emotionalem Leid führen.

Das ABC-Modell hilft uns, den Zusammenhang zwischen auslösenden Ereignissen (A), unseren Bewertungen (B) und den emotionalen Konsequenzen (C) zu verstehen und zeigt, dass nicht die Ereignisse selbst, sondern unsere Interpretation dieser Ereignisse unsere Gefühle bestimmt.

Die vier Fragen der kognitiven Umstrukturierung – Beweise, Alternative Erklärungen, Katastrophenprüfung und Nützlichkeit – bieten ein systematisches Framework, um starre Gedanken zu hinterfragen und flexiblere Perspektiven zu entwickeln.

Übungen wie „Der Gedankenanwalt" helfen uns, unsere negativen Überzeugungen aus einer objektiveren Perspektive zu betrachten und Gegenbeweise zu sammeln.

Neuroplastizität bietet die wissenschaftliche Grundlage für unsere Fähigkeit, Denkmuster zu verändern, wobei wiederholte Praxis neue neuronale Pfade stärkt.

Kognitive Umstrukturierung kann mit anderen Ansätzen wie Achtsamkeit, ACT und körperbasierten Methoden integriert werden, um ihre Wirksamkeit zu verstärken.

Kognitive Umstrukturierung lehrt uns, dass wir nicht Gefangene unserer automatischen Gedanken sein müssen. Wir können lernen, sie zu erkennen, zu hinterfragen und durch ausgewogenere, hilfreichere Perspektiven zu ersetzen. Diese Fähigkeit erweitert unseren Spalt zwischen Reiz und Reaktion erheblich und gibt uns die Freiheit, bewusster und flexibler auf die Herausforderungen des Lebens zu reagieren.

Im nächsten Kapitel werden wir erkunden, wie östliche Weisheitstraditionen unser Verständnis des Spalts zwischen Reiz und Reaktion bereichern können und wie wir diese jahrtausendealten Einsichten in unsere moderne Praxis integrieren können.

Östliche Weisheitstraditionen

„Das Leben fließt zwischen deinen Fingern wie Sand durch ein Sieb. Um es zu bewahren, musst du lernen, es loszulassen."

— Konfuzius

An einem kühlen Herbstmorgen sitzt ein Zen-Mönch ruhig auf seiner Matte im Meditationsraum. Ein jüngerer Mönch kommt herbei und fragt: „Meister, seit Jahren versuche ich, meinen ruhelosen Geist zu beherrschen, doch er rebelliert immer wieder. Wie kann ich ihn zur Ruhe bringen?"

Der ältere Mönch lächelt sanft und antwortet: „Zeige mir deinen Geist, dann werde ich ihn für dich beruhigen."

Verwirrt erwidert der jüngere Mönch: „Aber ich kann meinen Geist nicht zeigen, er ist nicht greifbar."

„Siehst du", sagt der Meister, „ich habe ihn bereits für dich beruhigt."

Diese Geschichte illustriert einen zentralen Aspekt östlicher Weisheitstraditionen: Die Erkenntnis, dass unser Kampf mit Gedanken und Gefühlen oft in dem Versuch besteht, etwas zu kontrollieren, das seiner Natur nach nicht kontrollierbar ist. Statt den Fluss unserer inneren Erfahrungen zu bekämpfen, laden uns diese Traditionen ein, eine radikal andere Beziehung zu ihnen zu entwickeln – eine Beziehung, die auf Akzeptanz, Nicht-Anhaftung und tiefer Einsicht basiert.

In diesem Kapitel werden wir erforschen, wie jahrtausendealte östliche Weisheitslehren unser Verständnis des Spalts zwischen Reiz und Reaktion erweitern können und wie ihre Praktiken uns helfen können, innere Souveränität zu kultivieren.

Die 4 Edlen Wahrheiten: Ein zeitloses Rahmenwerk zum Umgang mit Leiden

Die 4 Edlen Wahrheiten bilden das Herzstück der buddhistischen Lehre und stellen ein systematisches Rahmenwerk dar, um die Natur des menschlichen Leidens zu verstehen und zu transformieren. Obwohl sie aus einem spirituellen Kontext stammen, bieten sie bemerkenswerte psychologische Einsichten, die unmittelbar relevant für unser Thema sind.

1. Die Wahrheit des Leidens (Dukkha)

Die erste Wahrheit erkennt an, dass Leiden, Unzufriedenheit oder Unbehagen ein unvermeidlicher Teil des menschlichen Erlebens ist. Dieses Leiden reicht von offensichtlichem körperlichen oder emotionalen Schmerz bis hin zu einer subtilen, aber allgegenwärtigen Unzufriedenheit mit dem gegenwärtigen Moment.

In unserem Kontext können wir Dukkha als jenen inneren Widerstand verstehen, den wir gegen unsere Erfahrung leisten – den Wunsch, dass die Dinge anders sein sollten, als sie sind. Dieser Widerstand verringert unseren Spalt zwischen Reiz und Reaktion, indem er automatische Abwehrreaktionen auslöst.

Moderne Perspektive: Die Anerkennung der Universalität des Leidens entlastet uns paradoxerweise. Wenn wir verstehen, dass unangenehme Erfahrungen ein normaler Teil des Lebens sind, nicht ein Zeichen persönlichen Versagens, können wir aufhören, gegen sie anzukämpfen, und beginnen, mit ihnen zu arbeiten.

2. Die Wahrheit von der Ursache des Leidens (Samudaya)
Die zweite Wahrheit identifiziert die Ursache des Leidens: Anhaftung oder „Durst" (Tanha). Dieser manifestiert sich in drei Hauptformen:

Begehren nach angenehmen Erfahrungen
Aversion gegen unangenehme Erfahrungen
Unwissenheit oder Verblendung über die wahre Natur der Realität
Diese Anhaftungen verkleinern den Spalt zwischen Reiz und Reaktion drastisch. Wenn wir stark an bestimmte Ergebnisse, Selbstbilder oder Gefühlszustände gebunden sind, reagieren wir automatisch, ohne Raum für bewusste Wahl.

Moderne Perspektive: Die psychologische Forschung bestätigt: Je mehr wir uns an bestimmte Ergebnisse klammern oder bestimmte Erfahrungen vermeiden wollen, desto größer ist unser emotionales Leid. Paradoxerweise wird unser Leben durch den Versuch, Kontrolle auszuüben, oft unkontrollierbarer.

3. Die Wahrheit von der Beendigung des Leidens (Nirodha)

Die dritte Wahrheit bietet Hoffnung: Leiden kann beendet werden. Durch das Loslassen der Anhaftung, besonders der Anhaftung an ein festes Selbstkonzept, können wir einen Zustand innerer Freiheit und Gelassenheit erreichen.

In unserem Kontext entspricht dies der Erweiterung des Spalts zwischen Reiz und Reaktion. Wenn wir lernen, unsere Anhaftungen zu erkennen und loszulassen, gewinnen wir die Freiheit, bewusst zu wählen, anstatt automatisch zu reagieren.

Moderne Perspektive: Psychologisch betrachtet geht es um die Entwicklung emotionaler Flexibilität – die Fähigkeit, alle Erfahrungen zu erlauben, ohne von ihnen kontrolliert zu werden. Dieser Zustand ähnelt dem, was Psychologen als „psychologische Flexibilität" bezeichnen.

4. Die Wahrheit vom Pfad zur Beendigung des Leidens (Magga)

Die vierte Wahrheit beschreibt den praktischen Weg, der zur Befreiung vom Leiden führt: den Edlen Achtfachen Pfad. Dieser umfasst:

Rechte Erkenntnis
Rechte Absicht
Rechte Rede
Rechtes Handeln
Rechter Lebenserwerb
Rechte Anstrengung
Rechte Achtsamkeit
Rechte Sammlung

In unserem Zusammenhang stellt dieser Pfad einen umfassenden Ansatz dar, um den Spalt zwischen Reiz und Reaktion systematisch zu erweitern. Besonders relevant sind die letzten drei Aspekte, die direkt mit der Schulung des Geistes zu tun haben.

Moderne Perspektive: Der Achtfache Pfad kann als ganzheitliches Selbstentwicklungsprogramm verstanden werden, das Ethik, Bewusstseinsschulung und Weisheit integriert. Diese Integration erinnert uns daran, dass der Spalt zwischen Reiz und Reaktion nicht nur eine kognitive oder meditative Übung ist, sondern eine umfassende Lebensweise.

Nicht-Anhaften: Die Kunst des Loslassens
Das Konzept des Nicht-Anhaftens (oder Nicht-Identifikation) ist ein Schlüsselprinzip östlicher Weisheitstraditionen und besonders relevant für die Erweiterung des Spalts zwischen Reiz und Reaktion.

Was Nicht-Anhaften wirklich bedeutet
Nicht-Anhaften wird oft missverstanden als Gleichgültigkeit oder emotionale Distanziertheit. In Wirklichkeit geht es um etwas viel Nuancierteres:

Nicht-Anhaften bedeutet:

Erfahrungen vollständig zu erleben, ohne sich mit ihnen zu identifizieren
Präferenzen zu haben, ohne von ihnen dominiert zu werden
Die Vergänglichkeit aller Phänomene zu erkennen und zu akzeptieren
Dinge wertschätzen, ohne sie festhalten zu müssen
Nicht-Anhaften bedeutet nicht:

Emotionslosigkeit oder Apathie
Vermeidung intensiver Erfahrungen
Mangel an Engagement oder Leidenschaft
Passivität gegenüber den Herausforderungen des Lebens
Die drei Ebenen des Nicht-Anhaftens
Nicht-Anhaften kann auf drei Ebenen praktiziert werden:

1. Nicht-Anhaften an äußere Umstände

Dies ist die grundlegendste Form des Nicht-Anhaftens. Sie beinhaltet die Erkenntnis, dass äußere Umstände ständig im Wandel sind und außerhalb unserer vollständigen Kontrolle liegen. Anstatt unser Glück von bestimmten äußeren Bedingungen abhängig zu machen, lernen wir, auch unter wechselnden Umständen ein inneres Gleichgewicht zu bewahren.

Beispiel: Wenn ein geplantes Outdoor-Event wegen Regens abgesagt wird, kann jemand, der nicht anhaftet, seine Enttäuschung spüren, ohne sich von ihr überwältigen zu lassen, und flexibel nach Alternativen suchen.

2. Nicht-Anhaften an Gefühle und Gedanken

Auf dieser tieferen Ebene lernen wir, unsere inneren Erfahrungen – Gedanken und Gefühle – als vorübergehende Phänomene zu betrachten, nicht als definitive Wahrheiten oder als unser „Selbst". Wir erlauben ihnen, aufzusteigen und wieder zu vergehen, ohne uns in sie zu verstricken oder sie festhalten zu wollen.

Beispiel: Wenn Angst vor einem wichtigen Gespräch aufkommt, kann jemand, der nicht anhaftet, diese Angst als „Angst ist gerade da" wahrnehmen, ohne sich mit ihr zu identifizieren („Ich bin ängstlich") oder gegen sie anzukämpfen.

3. Nicht-Anhaften an das Selbstkonzept

Diese subtilste Form des Nicht-Anhaftens beinhaltet das Loslassen der Vorstellung eines festen, unveränderlichen Selbst. Statt uns an bestimmte Identitäten zu klammern

(„Ich bin so eine Person"), erkennen wir die fließende, prozesshafte Natur unseres Seins.

Beispiel: Jemand könnte jahrelang an der Identität „Ich bin schüchtern" festgehalten haben. Durch Nicht-Anhaften erkennt diese Person, dass „Schüchternheit" nur ein Muster von Gedanken und Verhaltensweisen ist, nicht ein unveränderlicher Kern ihres Wesens.

Die neurologische Basis des Anhaftens

Moderne neurowissenschaftliche Forschung gibt uns Einblicke in die biologischen Grundlagen des Anhaftens. Unser Gehirn ist darauf ausgerichtet, kohärente Narrative über uns selbst und die Welt zu schaffen. Diese Geschichten werden im Default Mode Network (DMN) – jenem Netzwerk, das für Selbstreflexion und Gedankenwandern zuständig ist – verarbeitet und verstärkt.

Interessanterweise zeigen Studien mit erfahrenen Meditierenden eine veränderte Aktivität im DMN, was mit einer reduzierten Identifikation mit Gedanken und dem Selbstkonzept korreliert. Dies unterstützt die uralte Weisheit, dass Nicht-Anhaften durch systematische Praxis kultiviert werden kann.

Wu Wei: Das Prinzip des Nicht-Handelns

„Wu Wei" ist ein zentrales Konzept des Taoismus, einer der ältesten Weisheitstraditionen Chinas. Wörtlich übersetzt bedeutet es „Nicht-Handeln", doch seine tiefere

Bedeutung ist subtiler: Handeln in Übereinstimmung mit der natürlichen Ordnung der Dinge, ohne Kraftanstrengung oder Widerstand.

Die Essenz von Wu Wei

Wu Wei bedeutet nicht Passivität oder Untätigkeit. Es beschreibt vielmehr einen Zustand müheloser Aktion, in dem Handeln spontan, intuitiv und ohne Selbstbewusstsein oder angestrengte Absicht geschieht. Es ist wie das Fließen eines Flusses – kraftvoll, aber nicht forciert.

Im Kontext des Spalts zwischen Reiz und Reaktion bietet Wu Wei eine faszinierende Perspektive: Statt mühsam gegen unsere automatischen Reaktionen anzukämpfen, kultivieren wir einen Zustand, in dem angemessene Reaktionen natürlich und mühelos entstehen können.

Die Analogie des Wassers

Das Tao Te Ching, der grundlegende Text des Taoismus, verwendet oft die Metapher des Wassers, um Wu Wei zu illustrieren:

„Das Höchste Gute ist wie Wasser. Wasser nützt allen Wesen, ohne zu streiten. Es fließt an Orten, die Menschen verachten. Darum ist es dem Tao nahe."

Wasser verkörpert die Qualitäten von Wu Wei perfekt:

Es ist weich und nachgiebig, aber kann mit der Zeit die härtesten Steine formen

Es passt sich jeder Form an, ohne seine Essenz zu verlieren

Es sucht immer den Weg des geringsten Widerstands, ist aber unaufhaltsam in seiner Bewegung

Wu Wei im Alltag praktizieren

Wie können wir dieses abstrakte Prinzip im täglichen Leben anwenden?

1. Intuition erlauben: Wu Wei bedeutet, auf unsere innere Weisheit zu hören, statt ausschließlich auf analytisches Denken zu vertrauen. Dies erfordert, still genug zu werden, um die subtileren Signale unserer Intuition wahrzunehmen.

2. Mit statt gegen den Strom: Anstatt hartnäckig gegen Widerstände anzukämpfen, lernen wir, Situationen einzuschätzen und den Weg des harmonischsten Fortschritts zu wählen – manchmal bedeutet das Umwege, manchmal Geduld.

3. Timing respektieren: Wu Wei beinhaltet ein feines Gespür für den richtigen Zeitpunkt. Nicht jede Gelegenheit ist reif für Handlung; manchmal ist Warten die weisere Wahl.

4. Die Kraft der Leere kultivieren: In der Hektik unseres modernen Lebens kann das Schaffen von Leerräumen –

Zeiten ohne Agenda oder Produktivitätsdruck – paradoxerweise zu kreativeren und effektiveren Handlungen führen.

5. Ziele loslassen: Während Absichten wichtig sind, kann das Festklammern an spezifischen Ergebnissen uns blind machen für unerwartete Möglichkeiten und unnötigen Stress erzeugen.

Ein modernes Beispiel für Wu Wei ist der Zustand des „Flow", der von Psychologen wie Mihaly Csikszentmihalyi beschrieben wurde – jener Zustand müheloser Konzentration, in dem Handlung spontan und ohne Selbstbewusstsein fließt.

Übungen: Östliche Praktiken für westlichen Alltag
Lassen Sie uns nun einige praktische Übungen aus östlichen Traditionen erkunden, die uns helfen, den Spalt zwischen Reiz und Reaktion zu erweitern.

1. Zazen-Meditation mit Anleitung
Zazen ist die zentrale Meditationspraxis des Zen-Buddhismus. Sie zeichnet sich durch ihre Einfachheit und direkte Ausrichtung auf das unmittelbare Erleben aus.

Anleitung:

Vorbereitung:

Finde einen ruhigen Ort und setze dich auf ein Meditationskissen, einen Stuhl oder eine Yoga-Matte.

Die traditionelle Position ist der Lotussitz, aber ein einfacher Schneidersitz oder das Sitzen auf einem Stuhl mit flachen Füßen ist ebenso geeignet.

Deine Wirbelsäule sollte aufrecht, aber nicht steif sein, als würde ein unsichtbarer Faden deinen Kopf sanft nach oben ziehen.

Lege deine Hände in deinen Schoß, die linke Hand in der rechten, mit den Daumenspitzen, die sich leicht berühren (die „Kosmische Mudra").

Atmung etablieren:

Atme natürlich durch die Nase.

Richte deine Aufmerksamkeit auf die Empfindungen des Atems im Bauchraum – das Heben und Senken beim Ein- und Ausatmen.

Es geht nicht darum, den Atem zu kontrollieren, sondern ihn zu beobachten, wie er von selbst kommt und geht.

Geisteshaltung:

Im Zazen praktizieren wir „Shikantaza" – einfaches Sitzen ohne Ziel oder Absicht.

Beobachte Gedanken, Gefühle und Empfindungen, wie sie kommen und gehen, ohne sie festzuhalten oder abzulehnen.

Wenn du bemerkst, dass dein Geist abgeschweift ist, kehre sanft zur Wahrnehmung des Atems zurück.

Es geht nicht darum, den Geist zu leeren, sondern um präsentes Gewahrsein für alles, was im Moment ist.

Umgang mit Herausforderungen:

Wenn körperliches Unbehagen auftritt, beobachte es zunächst mit Neugier.

Falls das Unbehagen zu stark wird, verändere bewusst und achtsam deine Position.

Bei starken Emotionen oder Gedanken, versuche, sie als vorüberziehende Wolken am Himmel deines Bewusstseins zu betrachten.

Abschluss:

Beende die Meditation, indem du deine Aufmerksamkeit langsam wieder auf deinen Körper als Ganzes richtest.

Nimm einige tiefere Atemzüge und bewege sanft deine Finger und Zehen.

Öffne langsam deine Augen, wenn sie geschlossen waren.

Beginne mit 10-15 Minuten täglich und steigere allmählich die Dauer. Die Einfachheit von Zazen macht es besonders geeignet, um die Qualität des Nicht-Anhaftens zu kultivieren – wir üben, bei der direkten Erfahrung des gegenwärtigen Moments zu bleiben, ohne in Geschichten oder Bewertungen darüber zu versinken.

2. Pranayama: 4-7-8 Atemtechnik und Wechselatmung

Pranayama sind Atemübungen aus der Yoga-Tradition, die den Energiefluss im Körper regulieren und den Geist beruhigen können. Diese Techniken sind besonders nützlich, um in stressigen Situationen schnell den Spalt zwischen Reiz und Reaktion zu erweitern.

4-7-8 Atemtechnik (Beruhigende Atmung):

Diese von Dr. Andrew Weil popularisierte Technik basiert auf alten Pranayama-Praktiken und aktiviert das parasympathische Nervensystem, das für Entspannung und Erholung zuständig ist.

Sitze bequem, mit geradem Rücken.
Lege die Zungenspitze hinter deine oberen Schneidezähne, wo das Zahnfleisch beginnt, und halte sie dort während der gesamten Übung.
Atme vollständig durch den Mund aus, wobei du einen hörbaren Seufzer machst.
Schließe deinen Mund und atme leise durch die Nase ein, während du bis 4 zählst.
Halte deinen Atem für eine Zählung von 7.
Atme durch den Mund aus und mache dabei einen hörbaren „Whoosh"-Laut für eine Zählung von 8.
Dies ist ein Atemzyklus. Wiederhole den Zyklus insgesamt viermal.
Diese Technik kann in akuten Stresssituationen verwendet werden, um das Nervensystem schnell zu beruhigen und den Raum zwischen Reiz und Reaktion zu vergrößern.

Nadi Shodhana (Wechselatmung):

Diese klassische Pranayama-Technik gleicht die Energien im Körper aus und fördert mentale Klarheit und Ausgeglichenheit.

Sitze in einer bequemen Haltung mit geradem Rücken. Hebe deine rechte Hand und bringe deine Zeige- und Mittelfinger zur Handinnenfläche, sodass Daumen, Ringfinger und kleiner Finger ausgestreckt bleiben. Schließe mit deinem rechten Daumen das rechte Nasenloch. Atme langsam durch das linke Nasenloch ein. Am Ende der Einatmung schließe das linke Nasenloch mit deinem Ringfinger, löse den Daumen vom rechten Nasenloch und atme durch das rechte Nasenloch aus. Dann atme durch das rechte Nasenloch ein. Schließe wieder das rechte Nasenloch mit deinem Daumen, löse den Ringfinger vom linken Nasenloch und atme durch das linke Nasenloch aus. Dies ist ein vollständiger Zyklus. Führe 5-10 Zyklen durch, je nach verfügbarer Zeit. Wechselatmung ist besonders hilfreich, um geistige Klarheit zu fördern und emotionale Balance zu schaffen – ideale Voraussetzungen, um den Spalt zwischen Reiz und Reaktion bewusst zu nutzen.

3. Tonglen-Praxis für schwierige Emotionen
Tonglen, was auf Tibetisch „Geben und Nehmen" bedeutet, ist eine kraftvolle Meditationstechnik aus dem tibetischen Buddhismus. Sie kehrt unseren gewöhnlichen

Impuls um, angenehme Erfahrungen anzuziehen und unangenehme abzuwehren. Stattdessen üben wir, Leiden „einzuatmen" und Mitgefühl „auszuatmen".

Diese Praxis ist besonders hilfreich, um mit schwierigen Emotionen umzugehen und unsere Kapazität für emotionale Resilienz zu erweitern.

Anleitung:

Vorbereitung:

Setze dich in eine bequeme Meditationshaltung. Nimm einige Momente, um deinen Geist zu beruhigen und deine Aufmerksamkeit auf den gegenwärtigen Moment zu richten.
Eigenes Leiden anerkennen:

Bringe eine Herausforderung oder Schwierigkeit in dein Bewusstsein, mit der du gerade konfrontiert bist. Spüre, wie sich diese Schwierigkeit in deinem Körper und Geist anfühlt.
Die eigentliche Tonglen-Praxis:

Einatmen: Visualisiere dein Leiden als dunklen, schweren Rauch. Atme es bewusst ein, mit der Intention, es vollständig anzunehmen und zu transformieren.

Ausatmen: Während du ausatmest, stelle dir vor, dass du Licht, Erleichterung und Heilung ausstrahlst – zuerst zu dir selbst, dann zu allen, die ähnliches Leiden erfahren.

Erweitern des Fokus:

Nachdem du einige Zeit mit deinem eigenen Leiden gearbeitet hast, weite deine Praxis aus.

Denke an andere Menschen, die ähnliches Leiden erfahren wie du.

Beim Einatmen nimm imaginär ihr Leiden zu deinem hinzu, mit dem Wunsch, dass sie davon befreit werden.

Beim Ausatmen sende ihnen Heilung, Freude und Wohlbefinden.

Universelle Anwendung:

Schließlich kannst du die Praxis auf alle fühlenden Wesen ausdehnen.

Atme das kollektive Leiden ein und atme Heilung und Mitgefühl für alle aus.

Abschluss:

Beende die Praxis, indem du einige Momente in stillem Gewahrsein verweilst.

Widme den Nutzen deiner Praxis dem Wohlbefinden aller Wesen.

Tonglen ist eine radikale Praxis, weil sie direkt gegen unseren gewöhnlichen Impuls arbeitet, unangenehme Erfahrungen zu vermeiden. Sie lehrt uns, in Schwierigkeiten hineinzugehen, statt vor ihnen zu fliehen – eine wesentliche Fähigkeit, um den Spalt zwischen Reiz und Reaktion zu erweitern.

Diese Praxis kann zunächst herausfordernd sein. Beginne mit kurzen Sitzungen (5-10 Minuten) und mit Leiden, das herausfordernd, aber nicht überwältigend ist.

Integration: Wie östliche und westliche Ansätze sich ergänzen

Die östlichen Weisheitstraditionen und die westlichen psychologischen Ansätze, die wir in den vorherigen Kapiteln kennengelernt haben, mögen auf den ersten Blick unterschiedlich erscheinen. Doch bei näherer Betrachtung ergänzen sie sich in bemerkenswerter Weise.

Komplementäre Perspektiven

Östliche Traditionen fokussieren oft auf:

Die fundamentale Natur des Bewusstseins
Die Illusion eines festen, separaten Selbst
Die Kultivierung von Nicht-Anhaftung und Akzeptanz
Direkte Erfahrung jenseits konzeptueller Gedanken
Westliche Ansätze betonen typischerweise:

Spezifische kognitive und emotionale Prozesse
Praktische Methoden für den Alltag
Empirische Validierung und messbare Ergebnisse
Fokus auf individuelles Wohlbefinden und Funktionieren

Zusammen bieten sie ein umfassenderes Verständnis und vielfältigere Werkzeuge, um den Spalt zwischen Reiz und Reaktion zu erweitern.

Synergiepotential in der Praxis
Hier sind einige Beispiele, wie östliche und westliche Ansätze sich gegenseitig bereichern können:

1. Achtsamkeit + Kognitive Umstrukturierung

Achtsamkeit aus östlichen Traditionen hilft uns, Gedanken als mentale Ereignisse zu erkennen, nicht als Wahrheiten.
Kognitive Umstrukturierung aus der KVT bietet konkrete Methoden, um verzerrte Gedanken zu identifizieren und zu korrigieren.
Zusammen ermöglichen sie sowohl Distanz zu Gedanken als auch ihre bewusste Umformung – ein mächtiges Duo für die Erweiterung des Spalts zwischen Reiz und Reaktion.

2. Wu Wei + ACT

Das taoistische Prinzip des Wu Wei lehrt uns müheloses Handeln im Einklang mit der natürlichen Ordnung.
Die Akzeptanz- und Commitment-Therapie (ACT) bietet ein strukturiertes Rahmenwerk, um unsere Werte zu klären und engagiert zu handeln.

Gemeinsam bieten sie sowohl die philosophische Tiefe als auch die praktischen Schritte, um mit schwierigen Situationen fließender und effektiver umzugehen.

3. Nicht-Anhaften + Kognitive Defusion

Nicht-Anhaften aus buddhistischen Lehren bietet eine tiefe philosophische Grundlage für das Loslassen unserer Identifikation mit Gedanken. Kognitive Defusion aus ACT liefert konkrete Übungen, um diese Nicht-Identifikation im Alltag zu praktizieren. Die Kombination gibt uns sowohl das „Warum" als auch das „Wie" für einen transformierten Umgang mit unseren Gedanken.

Fallbeispiel: Lisa und die Integration östlicher und westlicher Ansätze
Lisa, eine 42-jährige Projektmanagerin, kämpfte mit ständiger Angst und einem inneren Kritiker, der ihr sagte, dass sie nie genug leistete. Traditionelle Therapieansätze hatten ihr geholfen, ihre negativen Gedankenmuster zu erkennen, aber sie fühlte sich immer noch in ihren Selbstzweifeln gefangen.

Als sie begann, Konzepte aus dem Taoismus zu erkunden, besonders Wu Wei, erlebte sie eine tiefere Ebene der Transformation. Sie beschrieb es so:

„Durch die kognitive Therapie habe ich gelernt, meine negativen Gedanken zu hinterfragen, aber erst durch die taoistische Idee des ‚Nicht-Handelns‘ begann ich zu verstehen, dass ich nicht ständig alles kontrollieren und optimieren muss. Ich erkannte, dass vieles von selbst fließt, wenn ich nicht mit übermäßiger Anstrengung eingreife."

Lisa entwickelte eine tägliche Praxis, die östliche und westliche Elemente integrierte:

Morgens: 15 Minuten Zazen-Meditation, gefolgt von einer kurzen kognitiven Übung, um den Tag mit Klarheit zu beginnen
Tagsüber: Bewusste Pausen für 4-7-8-Atmung bei Stresssituationen und Nutzung des ABC-Modells bei aufkommenden negativen Gedanken
Abends: Tonglen-Praxis, um schwierige Emotionen des Tages zu verarbeiten, gefolgt von einer Reflexion über wertorientierte Handlungen
Nach sechs Monaten dieser integrierten Praxis berichtete Lisa von einer tiefgreifenden Veränderung: „Ich reagiere nicht mehr automatisch mit Stress und Selbstkritik. Es gibt jetzt einen Raum zwischen den Anforderungen und meinen Reaktionen – einen Raum, in dem ich wählen kann, wie ich antworten möchte. Manchmal wähle ich bewusste Anstrengung, manchmal Wu Wei – je nachdem, was die Situation wirklich erfordert."

Lisas Geschichte illustriert, wie die Integration östlicher und westlicher Ansätze uns helfen kann, den Spalt zwischen Reiz und Reaktion auf mehreren Ebenen zu erweitern – von momentanen Achtsamkeitspraktiken bis hin zu tiefgreifenden Veränderungen in unserer Weltanschauung und Selbstwahrnehmung.

Potenzielle Hindernisse und wie man sie überwindet
Bei der Integration östlicher Weisheitstraditionen in unser modernes Leben können verschiedene Hindernisse auftauchen. Hier sind einige häufige Herausforderungen und Wege, sie zu überwinden:

1. Kulturelle Unterschiede und Missverständnisse
Herausforderung: Östliche Konzepte werden manchmal aus ihrem kulturellen und philosophischen Kontext gerissen, was zu Missverständnissen führen kann.

Lösungsansatz: Nähere dich diesen Traditionen mit Respekt und Offenheit. Erkenne an, dass bestimmte Konzepte möglicherweise tiefere Bedeutungen haben, als auf den ersten Blick ersichtlich ist. Wenn möglich, studiere die Grundlagentexte oder suche Lehrer, die in der jeweiligen Tradition verwurzelt sind.

2. Erwartung schneller Ergebnisse
Herausforderung: Unsere schnelllebige Kultur konditioniert uns, sofortige Resultate zu erwarten, während östliche Praktiken oft langfristige Kultivierung betonen.

Lösungsansatz: Betrachte deine Praxis als einen lebenslangen Weg, nicht als kurzfristiges Projekt. Feiere kleine Fortschritte und erinnere dich daran, dass tiefe Transformation Zeit braucht. Paradoxerweise beschleunigt das Loslassen der Ergebnisfixierung oft den Fortschritt.

3. „Spirituelles Bypassing"
Herausforderung: Manchmal werden östliche Konzepte wie Nicht-Anhaftung oder Akzeptanz missbraucht, um schwierige Emotionen oder reale Probleme zu vermeiden – ein Phänomen, das als „spirituelles Bypassing" bekannt ist.

Lösungsansatz: Verstehe, dass wahre Akzeptanz und Nicht-Anhaftung nicht Vermeidung oder Unterdrückung bedeuten. Diese Praktiken laden uns ein, unsere Erfahrungen vollständig zu fühlen, aber ohne uns mit ihnen zu identifizieren. Integre die emotionale Verarbeitungsaspekte westlicher Psychologie, um ein Gleichgewicht zu finden.

4. Finden einer authentischen Praxis in der modernen Welt
Herausforderung: Es kann schwierig sein, traditionelle Praktiken in einen hektischen, modernen Lebensstil zu integrieren, ohne sie zu verwässern.

Lösungsansatz: Beginne mit kurzen, aber regelmäßigen Praktiken. Selbst fünf Minuten täglicher Meditation können wirksam sein, wenn sie konsequent praktiziert werden. Suche nach Möglichkeiten, Achtsamkeit in alltägliche Aktivitäten zu integrieren. Verbinde dich, wenn möglich, mit einer Gemeinschaft (Sangha), die deine Praxis unterstützt.

Reflexionsfragen
Bevor wir dieses Kapitel abschließen, nimm dir einen Moment Zeit, um über folgende Fragen nachzudenken:

Welche Konzepte oder Praktiken aus östlichen Weisheitstraditionen resonieren am stärksten mit dir? Was spricht dich an ihnen besonders an?

Wo in deinem Leben könntest du das Prinzip des Nicht-Anhaftens anwenden? An welchen Gedanken, Gefühlen oder Ergebnissen hältst du besonders fest?

Wie könnte das Konzept von Wu Wei dir helfen, mit spezifischen Herausforderungen in deinem Leben umzugehen?

Welche der vorgestellten Praktiken (Zazen, Pranayama, Tonglen) möchtest du in deinen Alltag integrieren? Wie könntest du dies konkret umsetzen?

Wie könntest du östliche und westliche Ansätze in deiner persönlichen Praxis zur Erweiterung des Spalts zwischen Reiz und Reaktion kombinieren?

Zusammenfassung

In diesem Kapitel haben wir die reichen Schätze östlicher Weisheitstraditionen erkundet und ihre Relevanz für die Erweiterung des Spalts zwischen Reiz und Reaktion entdeckt:

Die 4 Edlen Wahrheiten des Buddhismus bieten ein umfassendes Rahmenwerk zum Verständnis und zur Transformation von Leiden, das direkt mit unserem Thema der automatischen Reaktionen verbunden ist.

Das Prinzip des Nicht-Anhaftens lehrt uns, Erfahrungen vollständig zu erleben, ohne uns mit ihnen zu identifizieren oder von ihnen kontrolliert zu werden – eine wesentliche Fähigkeit für innere Souveränität.

Wu Wei, das taoistische Konzept des „Nicht-Handelns", bietet eine neue Perspektive auf Effektivität durch Handeln in Harmonie mit dem natürlichen Fluss, statt gegen ihn anzukämpfen.

Praktische Übungen wie Zazen-Meditation, Pranayama-Atemtechniken und Tonglen-Praxis geben uns konkrete Werkzeuge, um diese Prinzipien im Alltag zu verkörpern.

Die Integration östlicher und westlicher Ansätze bietet ein besonders kraftvolles Rahmenwerk für persönliche Transformation, indem sie die Weisheit jahrhundertealter Traditionen mit modernen psychologischen Erkenntnissen verbindet.

Die östlichen Weisheitstraditionen erinnern uns daran, dass der Spalt zwischen Reiz und Reaktion nicht nur ein psychologisches Konzept ist, sondern ein Tor zu tieferer Freiheit und Weisheit. Sie laden uns ein, über unmittelbare Techniken hinauszugehen und grundlegendere Fragen zu erforschen: Wer ist es, der reagiert? Was ist die Natur des Geistes selbst? Wie können wir in Harmonie mit dem natürlichen Fluss des Lebens leben?

In der Weite dieser Fragen öffnet sich der Spalt zwischen Reiz und Reaktion zu einem Raum unbegrenzter Möglichkeiten – ein Raum, in dem wahre innere Souveränität geboren wird.

Im nächsten Kapitel werden wir einen weiteren wesentlichen Aspekt unserer Reise erkunden: die Rolle des Körpers als Anker für Präsenz und als Ressource für emotionale Regulation. Wir werden untersuchen, wie wir durch Körperbewusstsein und -praktiken den Spalt zwischen Reiz und Reaktion weiter vertiefen und stabilisieren können.

Der Körper als Anker

„Wir denken uns getrennt vom Körper und glauben, unser Bewusstsein sitze irgendwo hinter den Augen und beobachte die Welt. Doch der Geist ist nicht im Körper – der Körper ist im Geist."
— Jon Kabat-Zinn

Stell dir folgende Situation vor: Du betrittst ein wichtiges Meeting, und jemand macht eine kritische Bemerkung über dein Projekt. Noch bevor dir bewusst wird, was geschieht, spannt sich dein Kiefer an, deine Schultern ziehen sich hoch, deine Atmung wird flach, und dein Herzschlag beschleunigt sich. Dein Körper hat bereits reagiert, während dein bewusster Geist noch damit beschäftigt ist, die Worte zu verarbeiten.

Diese Situation illustriert eine grundlegende Wahrheit: Unsere Reaktionen auf Stress und emotionale Auslöser beginnen im Körper, oft Sekundenbruchteile bevor wir uns ihrer bewusst werden. Diese körperlichen Reaktionen können entweder den automatischen Autopiloten verstärken oder – wenn wir lernen, sie wahrzunehmen und zu nutzen – als kraftvolle Anker dienen, um den Spalt zwischen Reiz und Reaktion zu erweitern.

In den vorherigen Kapiteln haben wir uns mit mentalen und emotionalen Aspekten unserer Reaktionsmuster beschäftigt. Jetzt wenden wir uns dem Körper zu – nicht als separater Bereich, sondern als integrale Dimension unseres Erlebens und als wesentliche Ressource für innere Souveränität.

Polyvagal-Theorie: Die Neurobiologie der Reaktion
Um zu verstehen, wie wir den Körper als Anker nutzen können, ist es hilfreich, die Polyvagal-Theorie zu erkunden – ein bahnbrechendes Konzept, entwickelt von Dr. Stephen Porges, das erklärt, wie unser autonomes Nervensystem auf Bedrohungen und Sicherheit reagiert.

Die drei Zustände des autonomen Nervensystems
Nach der Polyvagal-Theorie verfügt unser autonomes Nervensystem über drei hierarchisch organisierte Subsysteme, die unterschiedliche Reaktionsmuster steuern:

1. Ventraler Vaguskomplex (soziales Engagement):

Der evolutionär jüngste Teil unseres autonomen Nervensystems
Ermöglicht soziale Verbindung, Kommunikation und Koregulation
Fördert Gefühle von Sicherheit, Ruhe und Verbundenheit
Physische Anzeichen: entspannter Gesichtsausdruck, warme Haut, regelmäßige Atmung, gute Verdauung
2. Sympathisches Nervensystem (Kampf-oder-Flucht):

Aktiviert sich, wenn das soziale Engagement-System nicht genügt

Mobilisiert Energie für aktive Verteidigung oder Flucht

Physische Anzeichen: erhöhter Herzschlag, schnelle Atmung, Anspannung in den Muskeln, kalte Extremitäten, erweiterte Pupillen

3. Dorsaler Vaguskomplex (Immobilisierung):

Das evolutionär älteste System, das in extremen Bedrohungssituationen aktiviert wird

Führt zu Erstarren, Dissoziieren oder „Totstellen"

Physische Anzeichen: verlangsamter Herzschlag, flache Atmung, Gefühl von Schwere oder Taubheit, Energielosigkeit

Neuroception: Die unbewusste Wahrnehmung von Sicherheit und Gefahr

Ein zentrales Konzept der Polyvagal-Theorie ist die „Neuroception" – die automatische, unbewusste Art, wie unser Nervensystem ständig die Umgebung nach Anzeichen von Sicherheit oder Gefahr scannt. Diese Neuroception geschieht unterhalb der Schwelle bewusster Wahrnehmung und kann durch frühere Erfahrungen, insbesondere traumatische, geprägt sein.

Diese Einsicht erklärt, warum manche Menschen in objektiv sicheren Situationen dennoch mit Stress oder Angst reagieren – ihr Nervensystem hat diese Situationen fälschlicherweise als bedrohlich „neuroceptiert".

Anwendung auf den Spalt zwischen Reiz und Reaktion

Die Polyvagal-Theorie bietet eine neurobiologische Erklärung für die Verengung des Spalts zwischen Reiz und Reaktion unter Stress: Wenn unser Nervensystem in den Kampf-Flucht-Modus oder in die Immobilisierung wechselt, wird unser präfrontaler Kortex (der Sitz bewusster Entscheidungen) teilweise „offline" geschaltet, und wir fallen in automatische Reaktionsmuster.

Die gute Nachricht: Wir können lernen, unseren Körperzustand bewusst zu regulieren und zum sozialen Engagement-System zurückzukehren, wodurch wir den Zugang zu unseren höheren kognitiven Funktionen wiederherstellen. Dies erweitert den Spalt zwischen Reiz und Reaktion erheblich und gibt uns mehr Wahlmöglichkeiten in herausfordernden Situationen.

Embodiment: Die verkörperte Natur unserer Gedanken und Gefühle

Lange Zeit dominierte in der westlichen Kultur und Wissenschaft ein dualistisches Bild von Körper und Geist als getrennte Entitäten. Neuere Forschung in den Bereichen Neurowissenschaft, Psychologie und Philosophie zeichnet jedoch ein ganz anderes Bild: Bewusstsein ist fundamental verkörpert.

Was ist Embodiment?

Embodiment (Verkörperung) bezeichnet die Einsicht, dass unser Denken, Fühlen und Wahrnehmen nicht nur im Gehirn stattfindet, sondern durch unseren gesamten Körper geprägt wird. Unsere Gedanken und Emotionen drücken sich körperlich aus, und umgekehrt beeinflussen körperliche Zustände unsere mentalen Prozesse.

Einige Beispiele für diese bidirektionale Beziehung:

Eine aufrechte, offene Körperhaltung führt nachweislich zu höherem Selbstvertrauen und positiveren Gedanken
Lächeln, selbst wenn es zunächst erzwungen ist, kann positive Emotionen auslösen
Chronische Anspannung in bestimmten Körperbereichen kann negative Gedankenmuster verstärken
Die bewusste Verlangsamung der Atmung beruhigt das Nervensystem und fördert klareres Denken
Der somatische Marker: Wie der Körper Entscheidungen beeinflusst
Der Neurowissenschaftler Antonio Damasio entwickelte die Theorie der „somatischen Marker", die erklärt, wie Körperempfindungen unsere Entscheidungsfindung beeinflussen. Nach dieser Theorie werden Erfahrungen nicht nur mental, sondern auch als körperliche Empfindungen gespeichert. Diese „somatischen Marker" werden aktiviert, wenn wir mit ähnlichen Situationen konfrontiert werden, und dienen als eine Art Frühwarnsystem, das uns intuitiv zu bestimmten Entscheidungen führt oder uns von anderen abhält.

Diese Einsicht hat tiefgreifende Implikationen für unsere Arbeit mit dem Spalt zwischen Reiz und Reaktion: Durch die Entwicklung eines verfeinerten Körperbewusstseins können wir diese somatischen Marker früher erkennen und so den Raum für bewusste Wahl erweitern, bevor automatische Reaktionen einsetzen.

Übung: Progressive Muskelentspannung (vollständiges Skript)
Eine klassische Methode, um die Verbindung zwischen Körper und Geist zu erleben und bewusst zu nutzen, ist die Progressive Muskelentspannung (PME). Diese von Edmund Jacobson in den 1930er Jahren entwickelte Technik basiert auf dem einfachen Prinzip, dass mentale Entspannung leichter zu erreichen ist, wenn der Körper entspannt ist.

Anleitung für die Progressive Muskelentspannung:

Vorbereitung:

Finde einen ruhigen Ort und eine bequeme Sitzposition oder lege dich hin.
Lockere enge Kleidung und entferne störende Gegenstände wie Brillen oder Schmuck.
Nimm dir 15-20 Minuten ungestörte Zeit.
Der Prozess:

Schließe die Augen und nimm einige tiefe Atemzüge. Erlaube deinem Körper, mit jeder Ausatmung etwas mehr zu entspannen.

Hände und Arme:

Balle deine rechte Hand zur Faust. Spüre die Spannung in deiner Hand und deinem Unterarm. Halte für 5-7 Sekunden. Lasse los und entspanne. Bemerke den Unterschied zwischen Anspannung und Entspannung. Genieße das Gefühl der Entspannung für 15-20 Sekunden. Wiederhole mit der linken Hand. Beuge nun beide Ellbogen und spanne deine Bizeps an. Halte die Spannung für 5-7 Sekunden. Lasse los und entspanne für 15-20 Sekunden. Gesicht und Kopf:

Hebe deine Augenbrauen so hoch wie möglich und spanne die Stirn an. Halte für 5-7 Sekunden. Entspanne und bemerke, wie deine Stirn glatter wird. Kneife deine Augen fest zusammen und rümpfe deine Nase. Halte für 5-7 Sekunden. Entspanne dein Gesicht. Presse deine Lippen fest zusammen. Halte für 5-7 Sekunden. Entspanne deinen Mund und dein ganzes Gesicht. Nacken und Schultern:

Ziehe deine Schultern hoch zu den Ohren. Spüre die Spannung in Schultern und Nacken. Halte für 5-7 Sekunden.

Lasse los und entspanne. Spüre, wie die Spannung abfließt.

Drücke deinen Kopf vorsichtig nach hinten gegen einen Widerstand (Kissen/Stuhllehne). Halte für 5-7 Sekunden.

Entspanne deinen Nacken.

Rücken und Bauch:

Wölbe deine Brust nach vorne, ziehe die Schulterblätter zusammen. Halte für 5-7 Sekunden.

Entspanne und atme frei.

Spanne deine Bauchmuskeln an, als würdest du dich auf einen Schlag vorbereiten. Halte für 5-7 Sekunden.

Entspanne deinen Bauch vollständig.

Beine und Füße:

Hebe dein rechtes Bein leicht an und spanne den Oberschenkel an. Halte für 5-7 Sekunden.

Entspanne und lasse das Bein sinken.

Strecke nun deinen rechten Fuß und ziehe die Zehen zum Körper. Spüre die Spannung in der Wade. Halte für 5-7 Sekunden.

Entspanne.

Krümme die Zehen nach unten und spanne den Fuß an. Halte für 5-7 Sekunden.

Entspanne den ganzen Fuß und das Bein.

Wiederhole die Sequenz mit dem linken Bein und Fuß.

Ganzheitliche Entspannung:

Nimm dir einen Moment Zeit, um durch deinen ganzen Körper zu spüren, von Kopf bis Fuß.

Identifiziere alle Bereiche, die noch Spannung halten, und erlaube ihnen bewusst, loszulassen.

Genieße für einige Minuten das Gefühl vollständiger Entspannung im ganzen Körper.

Abschluss:

Beginne langsam, tiefe Atemzüge zu nehmen.
Bewege sanft Finger und Zehen.
Strecke dich behutsam.
Öffne die Augen, wenn du bereit bist.

Diese Übung ist besonders hilfreich, um:

Den Unterschied zwischen Anspannung und Entspannung deutlicher wahrzunehmen
Das Bewusstsein für subtile Körperspannungen zu schärfen
Eine Baseline körperlicher Entspannung zu schaffen
Den Zugang zum sozialen Engagement-System zu fördern
Regelmäßig praktiziert, hilft PME, körperliche Anspannungen früher zu erkennen – oft schon in jenem kritischen Moment, wenn der Spalt zwischen Reiz und Reaktion sich zu öffnen beginnt.

Bodyscan für emotionale Regulation

Während die Progressive Muskelentspannung aktive Entspannung fördert, ist der Bodyscan eine kontemplativere Praxis, die uns hilft, ein feineres Bewusstsein für unsere Körperempfindungen zu entwickeln – ein wesentliches Werkzeug für emotionale Regulation.

Übung: Bodyscan für emotionale Regulation
Anleitung:

Vorbereitung:

Nimm eine bequeme Sitzposition ein oder lege dich hin. Schließe die Augen oder senke den Blick, um innere Aufmerksamkeit zu fördern. Nimm einige tiefe Atemzüge, um im gegenwärtigen Moment anzukommen.

Intention setzen:

Setze die bewusste Intention, deinen Körper als Informationsquelle über deinen emotionalen Zustand zu nutzen. Kultiviere eine Haltung der Neugier und des Nicht-Urteilens gegenüber dem, was du entdeckst.

Die Praxis:

Beginne, deine Aufmerksamkeit systematisch durch deinen Körper zu führen, von den Füßen bis zum Kopf oder umgekehrt.

Verweile bei jedem Körperteil für etwa 20-30 Sekunden und bemerke alle Empfindungen: Wärme, Kälte, Kribbeln, Pulsieren, Spannung, Leichtigkeit, Schwere etc.

Achte besonders auf Bereiche, die oft emotionale Zustände widerspiegeln:

Kiefer und Gesicht (oft Spannung bei Stress oder Ärger)

Kehle (häufig eng bei unterdrückten Gefühlen)

Brust (Ort vieler Herzempfindungen, Trauer, Freude)

Solarplexus (klassischer Ort für Angst, Nervosität)

Bauch (Sitz vieler „Bauchgefühle" und Intuitionen)

Schultern und Nacken (häufige Spannungsbereiche bei Stress)

Bei jeder Empfindung frage dich sanft: „Was könnte diese Körperempfindung mir über meinen emotionalen Zustand mitteilen?"

Wenn du eine intensive Empfindung bemerkst, bleibe dabei und atme bewusst in diesen Bereich, während du die Empfindung einfach erlaubst, da zu sein.

Emotionale Landkarte:

Nachdem du den ganzen Körper durchlaufen hast, nimm dir einen Moment, um ein Gesamtbild deiner „emotionalen Landkarte" zu erfassen.

Bemerke, wo du die meiste Aktivität oder Spannung spürst und welche emotionale Information dies enthält.

Regulation durch Aufmerksamkeit:

Wähle bewusst, wohin du deine Aufmerksamkeit richten möchtest:

Auf Bereiche von Anspannung, um sie durch bewusste Atmung zu lösen

Auf Bereiche von Stabilität und Ruhe, um diese Qualitäten zu verstärken

Auf den gesamten Körper als Einheit, um ein Gefühl von Integration zu fördern

Abschluss:

Nimm einige tiefe Atemzüge, die den ganzen Körper einbeziehen. Bekräftige innerlich die Verbindung zu deinem Körper als Ressource für emotionale Weisheit. Kehre langsam zur normalen Aktivität zurück, während du die erhöhte Körperwahrnehmung beibehältst.

Anwendung im Alltag:

Diese Praxis kann formell (als 15-20-minütige Meditation) oder informell in verkürzter Form angewendet werden:

Als „Emotionaler Check-in": Ein schneller 2-minütiger Bodyscan, um deinen emotionalen Zustand einzuschätzen

In herausfordernden Situationen: Ein fokussierter Scan der Hauptbereiche (Gesicht, Kehle, Brust, Bauch), um aufkommende Reaktionen frühzeitig zu erkennen

Als präventive Praxis vor stressigen Ereignissen: Um ein Grundniveau von Körperbewusstsein zu etablieren, das dir hilft, den Spalt zwischen Reiz und Reaktion leichter zu erkennen

Geerdete Haltungen aus dem Yoga

Yoga bietet einen reichen Schatz an Körperhaltungen (Asanas), die speziell dafür entwickelt wurden, Stabilität und Präsenz zu fördern. Diese „geerdeten Haltungen" können als kraftvolle Anker dienen, um in stressigen Situationen Zentrierung und innere Ruhe zu finden.

Übung: Drei geerdete Haltungen für Stabilität

1. Bergpose (Tadasana) - Im Stehen

Anleitung:

Stelle dich mit den Füßen hüftbreit auseinander.

Verteile dein Gewicht gleichmäßig auf beide Füße, spüre den Kontakt mit dem Boden.

Aktiviere leicht deine Beinmuskulatur, ohne zu überspannen.

Richte dein Becken neutral aus (weder nach vorne gekippt noch nach hinten).

Verlängere deine Wirbelsäule, als würde ein Faden dich sanft nach oben ziehen.

Entspanne deine Schultern und lasse sie weg von den Ohren sinken.

Halte deinen Kopf aufrecht, Kinn parallel zum Boden.

Atme tief und ruhig, während du die Stabilität dieser Haltung spürst.

Anwendung:

Nutze diese Haltung vor oder während herausfordernder Gespräche.

Praktiziere sie kurz vor Präsentationen oder wichtigen Meetings.

Nimm diese Haltung bewusst ein, wenn du Klarheit und innere Stärke brauchst.

2. Verwurzelte Sitzposition - Im Sitzen

Anleitung:

Setze dich auf einen Stuhl, sodass deine Füße flach auf dem Boden stehen.

Spüre die Sitzbeinhöcker (die knöchernen Punkte unter dem Gesäß) in Kontakt mit der Sitzfläche.

Richte deine Wirbelsäule auf, ohne steif zu werden.

Stelle dir vor, dass Wurzeln von deinem Becken in die Erde wachsen.

Lasse deine Schultern entspannt und breit.

Platziere deine Hände auf den Oberschenkeln, Handflächen nach unten für mehr Erdung oder nach oben für mehr Offenheit.

Atme tief in den Bauchraum und spüre, wie jeder Atemzug dich noch mehr verankert.

Anwendung:

Nutze diese Haltung während Meetings oder Gesprächen.

Kehre zu ihr zurück, wenn du dich überwältigt oder abgelenkt fühlst.

Praktiziere sie kurz vor Entscheidungssituationen, um Klarheit zu fördern.

3. Kindhaltung (Balasana) - Für Momente der Rückzugsmöglichkeit

Anleitung:

Knie dich auf den Boden, große Zehen berühren sich, Knie sind etwa hüftbreit auseinander.
Senke dein Gesäß zu deinen Fersen.
Beuge dich nach vorne, lege deinen Oberkörper zwischen deinen Oberschenkeln ab.
Strecke deine Arme nach vorne aus oder lege sie neben deinem Körper ab, Handflächen nach oben.
Lasse deine Stirn sanft auf dem Boden oder einer Unterlage ruhen.
Entspanne deinen Nacken und Kiefer vollständig.
Atme tief in den Rücken, spüre, wie er sich mit jedem Atemzug hebt und senkt.
Anwendung:

Nutze diese Haltung, wenn du dich überwältigt fühlst und einen Moment der Ruhe brauchst.
Praktiziere sie vor dem Schlafengehen, um den Tag loszulassen.
Kehre zu ihr zurück, wenn du emotionalen Raum brauchst, um dich zu sammeln.
Schlüsselelemente aller geerdeten Haltungen:

Bewusster Kontakt mit einer Unterstützungsfläche (Boden, Stuhl)
Ausrichtung der Wirbelsäule, die gleichzeitig stabil und entspannt ist
Tiefe, natürliche Atmung

Präsenz und Bewusstheit im gegenwärtigen Moment
Diese Haltungen wirken besonders effektiv, wenn du sie regelmäßig übst, sodass dein Körper sie als „sichere Zustände" erkennt, zu denen du in stressigen Momenten leicht zurückkehren kannst.

Wissenschaft: Wie körperliche Bewegung die Neurochemie verändert

Die positive Wirkung von Bewegung auf unsere psychische Gesundheit ist gut dokumentiert, aber die zugrundeliegenden Mechanismen sind komplex und faszinierend. Körperliche Aktivität verändert unsere Gehirnchemie auf mehreren Ebenen, was direkte Auswirkungen auf unsere Fähigkeit hat, den Spalt zwischen Reiz und Reaktion zu erweitern.

Neurochemische Botenstoffe und ihre Wirkung

Endorphine: Diese körpereigenen „Glückshormone" werden bei moderater bis intensiver körperlicher Aktivität freigesetzt. Sie reduzieren Schmerzempfindung und erzeugen ein natürliches Wohlgefühl. Dieser Endorphinschub kann helfen, aus negativen Gedankenspiralen auszubrechen und schafft emotionalen Raum für bewusstere Reaktionen.

BDNF (Brain-Derived Neurotrophic Factor): Oft als „Dünger fürs Gehirn" bezeichnet, ist BDNF ein Protein, das durch körperliche Aktivität vermehrt produziert wird. Es fördert das Wachstum neuer Neuronen und stärkt die

Verbindungen zwischen bestehenden Nervenzellen, besonders im Hippocampus (wichtig für Gedächtnis) und im präfrontalen Kortex (wesentlich für Impulskontrolle und Entscheidungsfindung).

Dopamin: Dieses „Belohnungshormon" wird bei angenehmer körperlicher Aktivität ausgeschüttet und hilft, positive Verhaltensweisen zu verstärken. Ein ausgewogener Dopaminspiegel unterstützt fokussierte Aufmerksamkeit und reduziert die Anfälligkeit für impulsive Reaktionen.

Serotonin: Regelmäßige Bewegung erhöht die Verfügbarkeit von Serotonin im Gehirn, einem Neurotransmitter, der Stimmung reguliert und beruhigend wirkt. Ausreichende Serotoninspiegel helfen, emotionale Überreaktionen zu dämpfen und fördern emotionale Resilienz.

Noradrenalin: Moderate körperliche Aktivität optimiert die Noradrenalinproduktion, was Aufmerksamkeit und geistige Klarheit fördert – wesentliche Komponenten für den Zugang zum Spalt zwischen Reiz und Reaktion.

Optimale Bewegungsformen für emotionale Regulation Forschungsergebnisse legen nahe, dass verschiedene Bewegungsformen unterschiedliche Effekte auf unsere emotionale Regulation haben können:

Ausdauertraining mit moderater Intensität (z.B. zügiges Gehen, leichtes Joggen, Radfahren, Schwimmen) für 30-40 Minuten scheint besonders effektiv für die Stimmungsverbesserung und Angstreduktion zu sein. Die optimale Intensität liegt bei etwa 60-70% der maximalen Herzfrequenz – intensiv genug, um neurochemische Veränderungen zu bewirken, aber nicht so anstrengend, dass es selbst zum Stressor wird.

Rhythmische, bilaterale Bewegungen (wie Gehen, Laufen, Schwimmen, Tanzen), bei denen abwechselnd die linke und rechte Körperseite aktiviert werden, können besonders hilfreich sein. Diese Bewegungsmuster fördern die Integration zwischen den Gehirnhälften und können helfen, „festgefahrene" emotionale Zustände zu lösen.

Achtsamkeitsbasierte Bewegungspraktiken (wie Yoga, Tai Chi, Qi Gong) kombinieren körperliche Aktivität mit Aufmerksamkeitstraining und haben sich als besonders wirksam für die Stressreduktion und die Verbesserung der emotionalen Selbstregulation erwiesen.

Kurze Bewegungsintervalle können als „Muster-Unterbrecher" dienen, wenn wir uns in automatischen Reaktionen gefangen fühlen. Schon 5-10 Minuten Bewegung können die neurochemische Umgebung im Gehirn verändern und den Zugang zum präfrontalen Kortex verbessern.

Praxistipps zur Integration von Bewegung
Um die neurochemischen Vorteile von Bewegung für die Erweiterung des Spalts zwischen Reiz und Reaktion zu nutzen:

Regelmäßigkeit vor Intensität: Tägliche moderate Bewegung ist wirksamer als seltene intensive Trainingseinheiten.

Bewegungs-"Snacks": Integriere kurze Bewegungseinheiten (5-10 Minuten) in deinen Tag, besonders vor herausfordernden Situationen oder wenn du bemerkst, dass dein Stresslevel steigt.

Freude als Leitprinzip: Wähle Bewegungsformen, die dir Freude bereiten. Die positive emotionale Komponente verstärkt die neurochemischen Vorteile.

Natur-Plus: Wenn möglich, bewege dich in der Natur. Die Kombination von körperlicher Aktivität und Naturerfahrung hat synergistische Effekte auf Stressreduktion und kognitive Funktion.

Bewusste Verknüpfung: Verbinde bewusst die körperliche Aktivität mit deinem Ziel, den Spalt zwischen Reiz und Reaktion zu erweitern. Diese Intention kann die Wirksamkeit verstärken.

Ernährungsaspekte: Die Darm-Hirn-Achse und emotionale Stabilität

In den letzten zwei Jahrzehnten hat die Wissenschaft eine faszinierende Verbindung zwischen unserer Darmgesundheit und unserem emotionalen Wohlbefinden entdeckt – die sogenannte „Darm-Hirn-Achse". Diese bidirektionale Kommunikationslinie zwischen unserem Verdauungssystem und unserem Gehirn spielt eine überraschend wichtige Rolle für unsere emotionale Regulation und damit für unsere Fähigkeit, den Spalt zwischen Reiz und Reaktion zu nutzen.

Die Darm-Hirn-Verbindung verstehen

Der Darm wird oft als „zweites Gehirn" bezeichnet, und das aus gutem Grund: Das enterische Nervensystem, das unser Verdauungssystem steuert, enthält etwa 500 Millionen Neuronen – mehr als in unserem Rückenmark. Dieses komplexe Netzwerk kommuniziert kontinuierlich mit unserem Gehirn über mehrere Wege:

Den Vagusnerv: Diese direkte neurale Verbindung überträgt Informationen in beide Richtungen – vom Gehirn zum Darm und vom Darm zum Gehirn.

Neurotransmitter: Erstaunlicherweise produziert unser Darm etwa 95% des Serotonins im Körper – ein Schlüssel-Neurotransmitter für Stimmungsregulation.

Das Darmmikrobiom: Die Billionen von Mikroorganismen in unserem Darm produzieren Substanzen, die direkt die Gehirnfunktion beeinflussen können, einschließlich Neurotransmitter und kurzkettige Fettsäuren.

Das Immunsystem: Ein großer Teil unseres Immunsystems befindet sich im Darm, und immunologische Prozesse beeinflussen stark unsere Gehirnfunktion und Stimmung.

Ernährung für emotionale Stabilität
Basierend auf den neuesten Forschungsergebnissen können bestimmte Ernährungsansätze die Darm-Hirn-Achse unterstützen und zur emotionalen Stabilität beitragen:

1. Präbiotische Lebensmittel: Diese enthalten unverdauliche Fasern, die als Nahrung für nützliche Darmbakterien dienen. Dazu gehören:

Zwiebeln, Knoblauch, Lauch
Spargel, Artischocken, Chicorée
Bananen (besonders wenn sie noch leicht grün sind)
Hafer, Leinsamen, Chiasamen
2. Probiotische Lebensmittel: Diese enthalten lebende Mikroorganismen, die die Darmflora direkt bereichern:

Fermentierte Produkte wie Joghurt, Kefir
Sauerkraut, Kimchi

Miso, Tempeh
Kombucha
3. Entzündungshemmende Nahrungsmittel: Chronische Entzündungen beeinträchtigen sowohl die Darm- als auch die Gehirnfunktion:

Fetter Fisch (reich an Omega-3-Fettsäuren)
Olivenöl und andere ungesättigte Fette
Beeren, Kirschen und andere antioxidantienreiche Früchte
Kurkuma, Ingwer, Zimt und andere Gewürze mit entzündungshemmenden Eigenschaften
4. Komplexe Kohlenhydrate: Diese fördern eine stabile Blutzuckerregulation, die für emotionale Ausgeglichenheit wichtig ist:

Vollkornprodukte
Hülsenfrüchte
Süßkartoffeln und andere Wurzelgemüse
5. Proteinhaltigen Lebensmittel: Proteine liefern die Bausteine für Neurotransmitter:

Hülsenfrüchte
Nüsse und Samen
Qualitativ hochwertiges Fleisch, Fisch und Eier
Pflanzliche Proteinquellen wie Tofu
Praktische Ernährungsstrategien für den Alltag
Um die Darm-Hirn-Verbindung zu unterstützen und emotionale Stabilität zu fördern:

Regelmäßigkeit: Regelmäßige Mahlzeiten helfen, den Blutzuckerspiegel zu stabilisieren und schaffen Vorhersehbarkeit für das Verdauungssystem.

Bewusstes Essen: Langsames, achtsames Essen aktiviert den parasympathischen („Ruhe und Verdauung") Teil des Nervensystems und verbessert die Verdauung.

Hydration: Ausreichende Flüssigkeitszufuhr ist entscheidend für optimale Gehirn- und Darmfunktion.

Vielfalt: Eine diverse Ernährung fördert ein diverses Mikrobiom, was mit besserer emotionaler Gesundheit korreliert.

Reduktion von Zucker und hochverarbeiteten Lebensmitteln: Diese können Entzündungen fördern und die Darm-Mikrobiom-Balance stören.

Schlafoptimierung: 7-Tage-Protokoll für besseren Schlaf
Schlaf ist ein oft unterschätzter, aber fundamentaler Aspekt unserer Fähigkeit, den Spalt zwischen Reiz und Reaktion zu nutzen. Unzureichender oder gestörter Schlaf beeinträchtigt direkt die Funktion unseres präfrontalen Kortex – jenes Teils des Gehirns, der für bewusste Entscheidungsfindung und Impulskontrolle zuständig ist.

Studien zeigen, dass nach nur einer Nacht mit schlechtem Schlaf die Amygdala (unser emotionales Alarmzentrum) hyperaktiv wird, während die regulierende Verbindung vom präfrontalen Kortex zur Amygdala geschwächt wird. Das Ergebnis: Wir reagieren emotionaler, impulsiver und haben weniger Zugang zum Spalt zwischen Reiz und Reaktion.

7-Tage-Protokoll für optimierten Schlaf
Dieses einwöchige Protokoll kann dir helfen, deinen Schlaf zu verbessern und damit eine solide Grundlage für erweiterte emotionale Regulation zu schaffen:

Tag 1: Bestandsaufnahme

Führe ein Schlaftagebuch ein: Notiere Schlafens- und Aufwachzeiten, gefühlte Schlafqualität (1-10), Aktivitäten vor dem Schlafengehen
Identifiziere deine typischen Schlafhindernis (z.B. späte Mahlzeiten, Bildschirmzeit, Stress)
Tag 2: Licht und Dunkelheit optimieren

Morgens: Setze dich innerhalb einer Stunde nach dem Aufwachen mindestens 10-15 Minuten natürlichem Tageslicht aus
Abends: Reduziere blaues Licht 2-3 Stunden vor dem Schlafengehen (Blaulichtfilter auf Geräten, gedimmtes Licht)
Sorge für vollständige Dunkelheit im Schlafzimmer (Verdunkelungsvorhänge, Abdecken von LED-Anzeigen)
Tag 3: Reguliere deine Schlafenszeit

Lege eine konsistente Schlafens- und Aufwachzeit fest, auch am Wochenende
Entwickle ein beruhigendes Abendritual, das deinem Körper signalisiert, dass es Zeit zum Entspannen ist
Vermeide Nickerchen nach 15 Uhr, wenn du unter Einschlafproblemen leidest
Tag 4: Optimiere deine Schlafumgebung

Ideale Temperatur: Etwa 16-19°C für die meisten Menschen
Komfortable Matratze und Kissen, die deine natürliche Körperausrichtung unterstützen
Minimiere Lärm durch Ohrstöpsel oder weißes Rauschen, falls nötig
Tag 5: Achte auf deinen Konsum

Begrenze Koffein auf die erste Tageshälfte (Halbwertszeit von Koffein: bis zu 8 Stunden)
Vermeide Alkohol als „Schlafmittel" - er mag das Einschlafen erleichtern, stört aber die Schlafarchitektur
Leichte Abendmahlzeiten mindestens 2-3 Stunden vor dem Schlafengehen
Tag 6: Bewegung und Entspannung

Regelmäßige körperliche Aktivität (idealerweise nicht innerhalb von 1-2 Stunden vor dem Schlafengehen)

Implementiere eine Entspannungstechnik als Teil deines Abendrituals (Progressive Muskelentspannung, Atemübungen, Meditation)

Tag 7: Umgang mit Sorgen und Gedankenkreisen

Führe ein „Sorgen-Parking": Schreibe Sorgen und unerledigte Aufgaben vor dem Schlafengehen auf, um sie symbolisch aus deinem Kopf zu entlassen

Bei nächtlichem Erwachen: Praktiziere eine 4-7-8-Atemtechnik statt auf die Uhr zu schauen

Wenn du nach 20 Minuten nicht wieder einschlafen kannst, stehe auf und mache etwas Beruhigendes bei gedimmtem Licht, bis du wieder müde wirst

Dieses Protokoll adressiert die verschiedenen Faktoren, die Schlaf beeinflussen: Zirkadiane Rhythmen, Schlafhygiene, Umgebungsfaktoren und kognitive Aspekte. Die meisten Menschen berichten von deutlichen Verbesserungen innerhalb einer Woche, obwohl einige Aspekte länger brauchen können, um vollständig wirksam zu werden.

Notfall-Toolkit: Schnelle körperbasierte Techniken

Es gibt Situationen, in denen wir schnell handeln müssen, um Zugang zum Spalt zwischen Reiz und Reaktion zu finden. Hier sind körperbasierte Techniken, die innerhalb von Sekunden oder Minuten wirksam sein können:

1. Die 4-4-6-Atmung (Box-Breathing)

Diese Technik wird von Navy SEALs und anderen Elite-einheiten verwendet, um in Hochstress-Situationen Ruhe zu bewahren:

Durch die Nase 4 Sekunden einatmen
Den Atem 4 Sekunden halten
Durch den Mund 6 Sekunden ausatmen
Wiederhole 3-5 Mal
Diese Atemtechnik aktiviert den Vagusnerv und den parasympathischen Zustand, der Klarheit und Ruhe fördert.

2. Somatische Ressource aktivieren
Wenn du emotional überwältigt bist:

Identifiziere eine Stelle in deinem Körper, die sich stabil oder neutral anfühlt (oft Füße, Hände oder Sitzfläche)
Richte deine volle Aufmerksamkeit auf diese Stelle
Atme bewusst in diesen Bereich
Erlaube dem Gefühl von Stabilität, sich von dort aus auszubreiten
Diese Technik nutzt den Körper als Anker, um das überaktive limbische System zu beruhigen.

3. Kältestimulation
Eine kurze Kälteexposition kann das autonome Nervensystem schnell „zurücksetzen":

Halte deine Handgelenke unter kaltes Wasser für 30 Sekunden

Lege einen Eiswürfel oder Kühlpack in den Nacken
Wasche dein Gesicht mit kaltem Wasser
Die Kälterezeptoren in der Haut senden starke Signale an das Gehirn, die ein „Pattern Interrupt" erzeugen und autonome Erregung reduzieren können.

4. Die „5-4-3-2-1"-Technik
Diese Erdungstechnik nutzt alle Sinne, um dich in den gegenwärtigen Moment zurückzubringen:

Benenne 5 Dinge, die du sehen kannst
Benenne 4 Dinge, die du fühlen/berühren kannst
Benenne 3 Dinge, die du hören kannst
Benenne 2 Dinge, die du riechen kannst
Benenne 1 Ding, das du schmecken kannst
Diese Technik aktiviert den präfrontalen Kortex durch bewusste Aufmerksamkeitslenkung und verankert dich im Hier und Jetzt.

5. Die „Havening"-Technik
Diese selbstberuhigende Berührungstechnik kann schnell emotionale Überflutung reduzieren:

Kreuze deine Arme vor der Brust
Streiche sanft mit den Händen über deine Oberarme, von den Schultern zu den Ellbogen
Setze diese streichenden Bewegungen 30-60 Sekunden fort, während du tief atmest

Havening nutzt die beruhigende Wirkung bestimmter Berührungsmuster, um Stresshormone zu reduzieren und ein Gefühl von Sicherheit zu erzeugen.

Diese Techniken sind besonders wertvoll, wenn du bemerkst, dass dein Nervensystem in einem Zustand hoher Erregung ist und du schnell Zugang zum Spalt zwischen Reiz und Reaktion benötigst. Sie lassen sich unauffällig in den Alltag integrieren und können in nahezu jeder Situation angewendet werden.

Reflexionsfragen
Bevor wir dieses Kapitel abschließen, nimm dir einen Moment Zeit, um über folgende Fragen nachzudenken:

Welche körperlichen Signale bemerkst du typischerweise, wenn du emotional reagierst? Wo in deinem Körper spürst du Stress, Angst oder Ärger zuerst?

Welche der vorgestellten körperbasierten Praktiken spricht dich am meisten an? Warum resoniert sie besonders mit dir?

Wie könntest du diese körperbasierten Ansätze mit den mentalen und emotionalen Techniken aus den vorherigen Kapiteln verbinden?

Welche kleinen Veränderungen in deinen täglichen Gewohnheiten (Bewegung, Ernährung, Schlaf) könnten die größte positive Wirkung auf deine emotionale Regulation haben?

In welchen spezifischen Situationen könntest du deinen Körper als Anker nutzen, um den Spalt zwischen Reiz und Reaktion zu erweitern?

Zusammenfassung
In diesem Kapitel haben wir die zentrale Rolle des Körpers für die Erweiterung des Spalts zwischen Reiz und Reaktion erkundet:

Die Polyvagal-Theorie erklärt, wie unser autonomes Nervensystem zwischen verschiedenen Zuständen wechselt und wie wir durch Körperarbeit Zugang zum sozialen Engagement-System finden können, das optimale Bedingungen für bewusste Entscheidungen schafft.

Embodiment-Forschung zeigt, dass unsere Gedanken und Gefühle fundamental verkörpert sind – eine Erkenntnis, die wir nutzen können, indem wir den Körper als Anker für Präsenz und als Ressource für emotionale Regulation einsetzen.

Praktische Übungen wie Progressive Muskelentspannung, der emotionale Bodyscan und geerdete Yoga-Haltungen bieten konkrete Wege, um Körperbewusstsein zu entwickeln und körperliche Ressourcen zu aktivieren.

Physische Bewegung verändert unsere Neurochemie auf vielfältige Weise, die direkt unsere Fähigkeit zur emotionalen Regulation und zur Nutzung des Spalts zwischen Reiz und Reaktion unterstützt.

Die Darm-Hirn-Achse bildet eine überraschend wichtige Verbindung zwischen unserer Ernährung und unserer emotionalen Stabilität, mit praktischen Implikationen für unsere täglichen Ernährungsentscheidungen.

Optimierter Schlaf schafft die neurobiologische Grundlage für emotionale Regulation und Impulskontrolle, während Schlafmangel den Zugang zum Spalt zwischen Reiz und Reaktion erheblich einschränkt.

Ein körperbasiertes Notfall-Toolkit bietet schnelle, praktische Techniken, um in akuten Stresssituationen das Nervensystem zu regulieren und Zugang zu bewussten Wahlmöglichkeiten zu finden.

Die Integration des Körpers in unsere Arbeit mit dem Spalt zwischen Reiz und Reaktion ist nicht nur eine Ergänzung, sondern eine fundamentale Dimension. Unser Körper ist oft der erste Ort, an dem Reaktionen beginnen, und gleichzeitig eine kraftvolle Ressource für Transformation. Durch die bewusste Einbeziehung des Körpers können wir einen tieferen, stabileren und nachhaltigeren Zugang zu innerer Souveränität entwickeln.

Im nächsten Kapitel werden wir erkunden, wie wir unsere erweiterte innere Souveränität in Beziehungen und Kommunikation einbringen können – wie wir den Spalt zwischen Reiz und Reaktion nutzen können, um authentischere, erfüllendere und effektivere Verbindungen zu anderen Menschen zu schaffen.

Kommunikation und Beziehungen

„Der Raum zwischen Reiz und Reaktion wird in zwischenmenschlichen Beziehungen nicht kleiner, sondern größer – denn dort halten wir nicht nur unsere eigenen Reaktionen, sondern auch die des anderen in unseren Händen."
— David Richo

Stell dir folgende Situation vor: Dein Partner oder eine nahestehende Person macht eine Bemerkung, die dich verletzt. Innerhalb von Millisekunden spürst du einen Stich, dein Körper spannt sich an, und bekannte Gedanken rasen durch deinen Kopf: „Immer tut er/sie das!" oder „Sie/er versteht mich einfach nicht!" Dein erster Impuls ist vielleicht, dich zu verteidigen, zurückzuschlagen oder dich zurückzuziehen.

In diesem Moment befindet sich das größte Potenzial für Wachstum und tiefere Verbindung – oder für die Verstärkung von schädlichen Mustern. Der Spalt zwischen Reiz und Reaktion ist in Beziehungen besonders bedeutsam, denn hier geht es nicht nur um unsere innere Souveränität, sondern auch um die Qualität unserer Verbindungen zu anderen.

In diesem Kapitel werden wir erkunden, wie wir den Spalt zwischen Reiz und Reaktion in unseren Beziehungen erweitern und nutzen können, um authentischere, einfühlsamere und erfüllendere Verbindungen zu schaffen.

Spiegelneuronen, Bindungsmuster, Co-Regulation
Um zu verstehen, wie wir in Beziehungen reagieren, müssen wir zunächst die neurologischen und psychologischen Grundlagen unserer zwischenmenschlichen Interaktionen betrachten.

Die Rolle der Spiegelneuronen
In den 1990er Jahren entdeckten Wissenschaftler eine faszinierende Gruppe von Nervenzellen, die sie „Spiegelneuronen" nannten. Diese speziellen Neuronen feuern nicht nur, wenn wir selbst eine Handlung ausführen, sondern auch, wenn wir beobachten, wie jemand anderes diese Handlung ausführt.

Spiegelneuronen bilden die neurologische Grundlage für Empathie, emotionale Ansteckung und soziales Lernen. Sie erklären, warum wir oft die Emotionen anderer Menschen „mitfühlen", warum wir unbewusst Gesichtsausdrücke, Körperhaltungen und Stimmungen spiegeln, und warum wir so stark auf die emotionalen Zustände unserer Mitmenschen reagieren.

Diese neuronale Spiegelung geschieht größtenteils automatisch und unbewusst. Wenn jemand lächelt, neigen wir dazu, zurückzulächeln. Wenn jemand ängstlich ist, aktivieren sich auch in uns Angstnetzwerke. Wenn jemand wütend wird, steigt oft auch unsere eigene Erregung.

Diese automatische Spiegelung kann den Spalt zwischen Reiz und Reaktion in Beziehungen besonders herausfordernd machen. Gleichzeitig bietet das Verständnis dieses Mechanismus einen Schlüssel zur Transformation unserer Interaktionen: Wenn wir uns dieser automatischen Spiegelung bewusst werden, können wir bewusster wählen, wie wir auf die emotionalen Zustände anderer reagieren wollen.

Bindungsmuster und ihre Auswirkung auf Beziehungsdynamiken
Neben Spiegelneuronen spielen unsere frühen Bindungserfahrungen eine entscheidende Rolle darin, wie wir in Beziehungen reagieren. Die Bindungstheorie, entwickelt von John Bowlby und erweitert von Mary Ainsworth,

beschreibt, wie unsere frühen Beziehungen zu primären Bezugspersonen lebenslange Muster der emotionalen Regulation und Beziehungsgestaltung prägen.

Die vier Hauptbindungsstile sind:

1. Sicher gebunden: Menschen mit sicherem Bindungsstil können sowohl Nähe als auch Autonomie in Beziehungen genießen. Sie vertrauen anderen, können ihre Bedürfnisse klar kommunizieren und haben einen relativ großen Spalt zwischen Reiz und Reaktion in Beziehungssituationen.

2. Ängstlich-ambivalent: Diese Menschen sorgen sich oft, verlassen oder nicht genug geliebt zu werden. Sie neigen zu starken emotionalen Reaktionen in Beziehungen, besonders bei wahrgenommener Zurückweisung oder Distanz. Ihr Spalt zwischen Reiz und Reaktion kann in Bindungssituationen stark verengt sein.

3. Vermeidend: Menschen mit vermeidendem Bindungsstil schätzen Unabhängigkeit und emotionale Distanz. Sie können Schwierigkeiten haben, Bedürfnisse nach Nähe auszudrücken, und ziehen sich oft zurück, wenn Intimität zu intensiv wird. Ihr Spalt besteht oft aus automatischer emotionaler Unterdrückung statt bewusster Wahl.

4. Desorganisiert: Diese seltenere Bindungsform entsteht oft durch traumatische Erfahrungen. Menschen mit des-organisiertem Bindungsstil zeigen widersprüchliche Ver-

haltensmuster und können besonders intensive, chaotische Beziehungsdynamiken erleben.

Unsere Bindungsmuster werden in stressigen Situationen oder bei Bindungsbedrohungen (wahrgenommene Ablehnung, Kritik, Distanz) besonders aktiviert. In diesen Momenten können selbst psychologisch gesunde Erwachsene in frühe, automatische Reaktionsmuster zurückfallen.

Das Bewusstsein für unsere eigenen Bindungsmuster – und die Erkenntnis, dass sie auf frühen Erfahrungen basieren, nicht auf der gegenwärtigen Realität – kann uns helfen, den Spalt zwischen Reiz und Reaktion in Beziehungen zu erweitern.

Co-Regulation: Wie wir uns gegenseitig regulieren
Über Spiegelneuronen und Bindungsmuster hinaus existiert ein noch grundlegenderer Prozess in unseren Beziehungen: Co-Regulation. Dieser Begriff beschreibt, wie Menschen sich gegenseitig in ihrer physiologischen und emotionalen Regulation beeinflussen.

Vom ersten Lebenstag an werden unsere Nervensysteme durch Beziehungen geformt. Als Babys sind wir vollständig abhängig von der regulierenden Präsenz unserer Bezugspersonen – ihre beruhigende Stimme, ihre Berührung, ihr Rhythmus helfen unserem unreifen Nervensystem, Stress zu bewältigen und Sicherheit zu finden.

Als Erwachsene bleiben wir weiterhin empfänglich für diese Co-Regulation. Studien zeigen, dass:

Herzfrequenzen von Paaren sich in Gesprächen synchronisieren
Die bloße Anwesenheit eines vertrauten Menschen Stresshormone senken kann
Berührung von jemandem, dem wir vertrauen, Schmerz lindern kann
Selbst ein Telefonat mit einer nahestehenden Person die Ausschüttung von Oxytocin (ein Bindungshormon) auslösen kann
Diese Co-Regulation funktioniert in beide Richtungen – wir können andere beruhigen und werden von ihnen beruhigt, oder wir können andere aufregen und werden von ihnen aufgeregt. Sie geschieht oft ohne bewusste Aufmerksamkeit und kann sowohl heilsam als auch problematisch sein.

Das Verständnis von Co-Regulation eröffnet eine wichtige Perspektive: Beziehungskonflikte entstehen oft nicht primär auf der Inhaltsebene, sondern durch dysregulierte Nervensysteme, die sich gegenseitig weiter dysregulieren. Wenn wir lernen, in Beziehungen reguliert zu bleiben und zur Co-Regulation beizutragen, schaffen wir die Grundlage für konstruktivere Interaktionen.

Gewaltfreie Kommunikation: Das BOFEE-Modell

Eine der wirksamsten Methoden, um den Spalt zwischen Reiz und Reaktion in der Kommunikation zu nutzen, ist die Gewaltfreie Kommunikation (GFK), entwickelt von Marshall Rosenberg. Die GFK bietet einen klaren Rahmen, um authentisch und empathisch zu kommunizieren, selbst in herausfordernden Situationen.

Für unseren Kontext habe ich das BOFEE-Modell entwickelt – eine Adaption der GFK, die besonders auf die Nutzung des Spalts zwischen Reiz und Reaktion fokussiert:

B - Beobachtung: Die Fakten von Interpretationen trennen
Der erste Schritt ist eine klare, faktische Beschreibung dessen, was passiert ist, ohne Bewertung, Interpretation oder Unterstellung:

Statt: „Du hast mich wieder übergangen und ignoriert."
Besser: „Als du in der Besprechung gesprochen hast, habe ich zweimal versucht, etwas zu sagen, und du hast weitergeredet."

Klare Beobachtungen:

Beschreiben konkretes, beobachtbares Verhalten
Verwenden spezifische Situationen statt Verallgemeinerungen („immer", „nie")
Vermeiden Übertreibungen und dramatisierende Sprache

Fokussieren auf Fakten, die beide Parteien theoretisch bestätigen könnten

Diese Trennung von Beobachtung und Bewertung schafft bereits einen entscheidenden Raum im Spalt zwischen Reiz und Reaktion – wir reagieren nicht mehr auf unsere Interpretation, sondern bleiben näher an der tatsächlichen Situation.

O - Offenlegung der eigenen Gefühle

Der zweite Schritt ist das authentische Ausdrücken deiner eigenen Gefühle in Bezug auf die Situation. Dies unterscheidet sich von Vorwürfen oder Schuldzuweisungen:

Statt: „Du machst mich wütend."

Besser: „Ich fühle mich frustriert und nicht wertgeschätzt."

Echte Gefühlsäußerungen:

Benutzen Ich-Aussagen

Benennen primäre Emotionen (traurig, ängstlich, froh, wütend, überrascht)

Vermeiden versteckte Vorwürfe („Ich fühle mich vernachlässigt" ist eigentlich eine Handlung, die dem anderen zugeschrieben wird)

Sind verletzlich und ehrlich

Durch das bewusste Benennen unserer Gefühle aktivieren wir den präfrontalen Kortex und gewinnen mehr emotionale Klarheit. Dies erweitert den Spalt zwischen Reiz und

Reaktion, indem es uns aus der automatischen emotionalen Reaktion in eine bewusstere Haltung bringt.

F - Fokus auf Bedürfnisse

Der dritte Schritt ist die Identifikation und Kommunikation der zugrundeliegenden Bedürfnisse, die mit deinen Gefühlen verbunden sind. Dieser Schritt geht von der Oberfläche in die Tiefe:

Statt: „Ich brauche, dass du mir mehr Aufmerksamkeit schenkst."
Besser: „Ich habe ein Bedürfnis nach Einbeziehung und gegenseitigem Respekt in unseren Gesprächen."

Universelle Bedürfnisse könnten sein:

Sicherheit und Geborgenheit
Anerkennung und Wertschätzung
Autonomie und Selbstbestimmung
Bedeutung und Sinnhaftigkeit
Verbindung und Zugehörigkeit
Authentizität und Integrität
Der Fokus auf Bedürfnisse ermöglicht einen tiefgreifenden Perspektivwechsel: Statt in Kategorien von richtig/falsch oder Schuld/Unschuld zu denken, erkennen wir, dass hinter jedem Konflikt unerfüllte Bedürfnisse stehen – sowohl unsere eigenen als auch die des anderen.

E - Einfühlsames Zuhören

Bevor wir eine Bitte oder Lösung formulieren, ist es wichtig, Raum für die Perspektive und die Bedürfnisse der anderen Person zu schaffen:

Statt: Sofort mit einer Lösung oder Gegenargumenten zu kommen
Besser: „Ich würde gerne verstehen, wie du die Situation siehst und was für dich wichtig ist."

Einfühlsames Zuhören bedeutet:

Echte Neugier auf die Perspektive des anderen
Die eigene Reaktion vorübergehend zurückzustellen
Aktives Zuhören und Paraphrasieren
Nach den Gefühlen und Bedürfnissen hinter den Worten zu suchen
Dieser Schritt ist entscheidend, um den gemeinsamen Spalt zwischen Reiz und Reaktion zu erweitern. Wenn beide Parteien sich gehört und verstanden fühlen, entsteht ein Raum für echte Verbindung und kreative Lösungen.

E - Erbitten konkreter Handlungen
Der letzte Schritt ist die klare Formulierung einer Bitte um spezifische, positive Handlungen (nicht um Unterlassung):

Statt: „Hör auf, mich zu unterbrechen!"
Besser: „Könntest du mir bitte 2 Minuten zuhören, bis ich meinen Gedanken zu Ende geführt habe?"

Effektive Bitten sind:

Konkret und spezifisch
Positiv formuliert (was getan werden soll, nicht was nicht getan werden soll)
Umsetzbar im Hier und Jetzt
Als echte Bitte formuliert, nicht als Forderung oder Ultimatum
Der Unterschied zwischen einer Bitte und einer Forderung liegt in der Reaktion auf ein „Nein". Bei einer echten Bitte bleibst du im Dialog und suchst nach alternativen Wegen, die Bedürfnisse aller zu erfüllen. Bei einer Forderung folgst du mit negativen Konsequenzen oder emotionalem Druck.

Übung: BOFEE-Modell anwenden
Anleitung:

Vorbereitung: Wähle eine herausfordernde Kommunikationssituation aus deinem Leben, die dich regelmäßig triggert oder in der du dich häufig missverstanden fühlst.

Schriftliche Anwendung des BOFEE-Modells:

Beobachtung: Beschreibe die Situation rein faktisch, ohne Bewertung.
Offenlegung der Gefühle: Welche Gefühle löst diese Situation in dir aus?

Fokus auf Bedürfnisse: Welche tieferen Bedürfnisse stehen hinter diesen Gefühlen?
Einfühlsames Zuhören: Was könnten die Bedürfnisse der anderen Person sein?
Erbitten: Formuliere eine konkrete, positive Bitte.
Reflexion: Vergleiche deine BOFEE-Formulierung mit deiner üblichen Reaktion in dieser Situation. Welche Unterschiede bemerkst du? Wie könnte sich das Gespräch anders entwickeln, wenn du diesen Ansatz wählst?

Praxis: Übe deine BOFEE-Formulierung laut, als würdest du sie tatsächlich aussprechen. Achte auf deinen Tonfall und deine Körpersprache.

Diese Übung hilft dir, den Spalt zwischen Reiz und Reaktion in Kommunikationssituationen bewusst zu nutzen und eine klarere, verbindendere Ausdrucksweise zu entwickeln.

Aktives Zuhören in schwierigen Gesprächen
In herausfordernden Gesprächen ist aktives Zuhören vielleicht die wichtigste Fähigkeit, um den Spalt zwischen Reiz und Reaktion zu nutzen. Während andere sprechen, besonders wenn sie kritische oder emotionale Aussagen machen, aktiviert sich oft unser Verteidigungssystem. Wir hören auf zuzuhören und beginnen innerlich, unsere Gegenargumente vorzubereiten oder uns zu rechtfertigen.

Aktives Zuhören durchbricht dieses Muster, indem es uns hilft, präsent zu bleiben und tieferes Verständnis zu entwickeln.

Die Grundprinzipien des aktiven Zuhörens
1. Vollständige Aufmerksamkeit geben

Stelle Ablenkungen ab (Telefon, Computer)
Wende dich körperlich der Person zu
Halte angemessenen Blickkontakt
Nimm eine offene Körperhaltung ein
2. Innere Reaktionen bemerken und pausieren

Erkenne, wenn du in Verteidigung, Urteil oder mentale Antworten gehst
Nutze den Atem als Anker, um zum Zuhören zurückzukehren
Erlaube dir, nicht sofort zu antworten oder zu reagieren
3. Verständnis vor Antwort setzen

Ziel ist zunächst Verstehen, nicht Überzeugen oder Lösen
Warte mit deiner eigenen Perspektive, bis du die andere wirklich verstanden hast
Akzeptiere, dass Verstehen nicht automatisch Zustimmung bedeutet
4. Den tieferen Sinn hinter den Worten suchen

Höre auf die zugrundeliegenden Bedürfnisse und Werte
Achte auf emotionale Untertöne und nonverbale Signale

Suche nach dem „roten Faden" in der Kommunikation des anderen
Übung: Tiefes Zuhören praktizieren
Diese Übung ist ideal mit einem Partner, kann aber auch in alltäglichen Gesprächssituationen angewendet werden.

Anleitung für die Partnerübung:

Vorbereitung:

Entscheidet, wer zuerst spricht und wer zuhört
Wählt ein nicht zu kontroverses, aber bedeutsames Thema
Vereinbart eine Zeit (3-5 Minuten für den Sprechenden)
Für den Zuhörenden:

Deine einzige Aufgabe ist zuzuhören – nicht zu beraten, zu lösen oder deine Meinung zu teilen
Bemerke innere Impulse, zu unterbrechen oder deine Geschichte zu erzählen
Nutze offene Körpersprache und gelegentliches Nicken, um Präsenz zu signalisieren
Bemerke, wann deine Aufmerksamkeit abschweift, und bringe sie sanft zurück
Nach dem Sprechen:

Der Zuhörende fasst zusammen, was er verstanden hat, ohne zu interpretieren oder zu bewerten
Der Sprechende gibt Feedback: „Ja, genau das meinte ich" oder klärt Missverständnisse

Rollenwechsel:

Tauscht die Rollen und wiederholt die Übung
Anwendung im Alltag:

Wähle täglich ein oder zwei Gespräche aus, in denen du
bewusst tiefes Zuhören praktizierst. Dies könnten sein:

Ein Teammitglied, das eine Idee oder ein Problem teilt
Ein Familienmitglied, das von seinem Tag erzählt
Ein Freund, der einen Rat sucht
Bemerke den Unterschied in der Qualität der Verbindung
und des Verständnisses, wenn du den Spalt zwischen dem
Hören und deiner Reaktion bewusst erweiterst.

Grenzen setzen ohne Schuldgefühle
Eine der größten Herausforderungen in Beziehungen ist
das Setzen gesunder Grenzen. Viele Menschen schwan-
ken zwischen zwei ungesunden Extremen: keine Grenzen
zu haben und sich ausnutzen zu lassen, oder starre, defensive Mauern zu errichten. Der Spalt zwischen Reiz und
Reaktion bietet einen dritten Weg – das bewusste, mitfühlende Setzen von Grenzen.

Was Grenzen wirklich sind
Grenzen sind nicht Mauern, die uns von anderen trennen,
sondern Definitionen dessen, was für uns akzeptabel ist
und was nicht. Sie sind letztlich Ausdruck unserer Werte
und Bedürfnisse. Klare Grenzen schaffen paradoxerweise

die Grundlage für tiefere Verbindung, weil sie Vertrauen und Sicherheit fördern.

Gesunde Grenzen:

Sind flexibel und kontextabhängig
Werden klar, aber nicht aggressiv kommuniziert
Definieren dein Verhalten, nicht das der anderen
Ehren sowohl deine Bedürfnisse als auch die Beziehung
Das CARE-Modell zum Setzen von Grenzen
Das CARE-Modell bietet einen Rahmen, um Grenzen klar und respektvoll zu kommunizieren:

C - Clar (Klarheit): Sei präzise darüber, welche Grenze du setzt

„Ich spreche nicht über dieses Thema, während wir arbeiten."
„Ich bin nicht bereit, in diesem Tonfall weiterzudiskutieren."
A - Affirmation: Bestätige den Wert der Beziehung oder die gute Absicht des anderen

„Ich weiß, dass du dir Sorgen machst und helfen möchtest..."
„Unsere Beziehung ist mir wichtig, deshalb..."
R - Reason (Begründung): Erkläre kurz den Wert oder das Bedürfnis hinter deiner Grenze

„...weil ich mich konzentrieren muss, um effektiv zu sein."

„...weil ich Respekt in unserer Kommunikation brauche."

E - Expression: Drücke klar aus, was du stattdessen brauchst oder anbieten kannst

„Ich bin gerne bereit, darüber nach der Arbeit zu sprechen."

„Lass uns eine Pause machen und das Gespräch fortsetzen, wenn wir beide ruhiger sind."

Übung: Grenzen mit dem CARE-Modell setzen

Anleitung:

Identifiziere Grenzbedarf: Reflektiere über Situationen in deinem Leben, in denen du das Gefühl hast, dass eine Grenze nötig wäre oder wo du dich regelmäßig unwohl fühlst.

Werte und Bedürfnisse ergründen: Frage dich: Welches Bedürfnis oder welcher Wert wird hier nicht respektiert? Beispiele könnten sein: Privatsphäre, Autonomie, Respekt, Ruhe, Sicherheit, etc.

CARE-Formulierung entwickeln:

Clarify: Welche konkrete Grenze möchtest du setzen?

Affirm: Wie kannst du gleichzeitig die Beziehung oder die gute Absicht würdigen?

Reason: Welches Bedürfnis oder welcher Wert steht hinter dieser Grenze?

Express: Was bietest du stattdessen an oder um was bittest du konkret?

Übung: Schreibe deine CARE-Formulierung auf und übe sie laut auszusprechen. Achte auf einen ruhigen, selbstsicheren Tonfall.

Vorbereitung auf Reaktionen: Überlege, wie die andere Person reagieren könnte, und wie du den Spalt zwischen ihrer Reaktion und deiner Antwort nutzen könntest.

Beispiel:

Situation: Ein Kollege unterbricht dich ständig bei Meetings.

CARE-Formulierung:

„Wenn ich spreche, brauche ich die Möglichkeit, meine Gedanken vollständig auszudrücken. (C)
Ich schätze deine Beiträge und Perspektiven sehr, (A)
aber ich kann mich nicht effektiv einbringen, wenn ich unterbrochen werde. (R)
Könntest du bitte warten, bis ich meinen Punkt abgeschlossen habe, bevor du antwortest? Ich verspreche, dass ich auch dir meine volle Aufmerksamkeit geben werde, wenn du sprichst. (E)"

Diese Methode nutzt den Spalt zwischen Reiz (dem Bedürfnis, eine Grenze zu setzen) und Reaktion (wie wir diese Grenze kommunizieren), um eine Antwort zu wählen, die sowohl selbstfürsorglich als auch beziehungsfördernd ist.

Fallbeispiel: Ein Paar, das Konfliktmuster durchbricht

Sara und Michael waren seit acht Jahren verheiratet und liebten einander tief, doch immer wieder fanden sie sich in denselben frustrierenden Konfliktmustern gefangen. Besonders ein wiederkehrendes Szenario schien unlösbar: Wenn Michael spät von der Arbeit nach Hause kam, ohne Bescheid zu geben, reagierte Sara mit Vorwürfen und emotionalem Rückzug. Michael fühlte sich dann angegriffen und verteidigte sich, indem er seinen Stress und seine Arbeitsbelastung betonte. Das Muster eskalierte typischerweise zu einem Abend in angespanntem Schweigen oder einem hitzigen Streit.

Beide waren in ihren automatischen Reaktionen gefangen, ohne Zugang zum Spalt zwischen Reiz und Reaktion zu finden. In einer Paartherapie lernten sie, dieses Muster zu durchbrechen, indem sie die bisher gelernten Prinzipien anwendeten.

Saras Transformation

Sara erkannte mit Hilfe der Selbstbeobachtung, dass ihre heftige Reaktion auf Michaels Zuspätkommen mit ihrem ängstlich-ambivalenten Bindungsmuster zusammenhing.

Als Kind mit einem unberechenbaren Elternteil hatte sie gelernt, Unzuverlässigkeit als Bedrohung zu interpretieren. Durch die Praxis der kognitiven Umstrukturierung begann sie, die automatischen Gedanken zu identifizieren, die auftauchten:

Automatische Gedanken:

„Er respektiert meine Zeit nicht."
„Ich bin ihm nicht wichtig genug."
„Er kümmert sich nicht um meine Gefühle."
Mit den 4 Fragen der kognitiven Umstrukturierung untersuchte sie diese Gedanken:

Beweise: Es gab Zeiten, wo Michael sehr rücksichtsvoll mit ihrer Zeit umgegangen war und seine Verspätung angekündigt hatte.
Alternative Erklärungen: Michael könnte in einem Meeting festgesteckt haben, sein Akku könnte leer sein, er könnte so fokussiert gewesen sein, dass er die Zeit vergaß.
Katastrophenprüfung: Eine Verspätung ohne Ankündigung war unangenehm, aber keine existenzielle Bedrohung ihrer Beziehung.
Nützlichkeit: Diese Gedanken führten zu einem Teufelskreis aus Vorwürfen und Verteidigung, der ihre Verbindung schwächte.
Durch Achtsamkeitspraxis lernte Sara außerdem, die körperlichen Signale ihrer emotionalen Reaktion früh-

zeitig zu erkennen – die Anspannung in ihrer Brust, den Knoten im Magen, die flachere Atmung. Diese Körperwahrnehmung wurde ihr Frühwarnsystem, das ihr half, den Spalt zwischen Reiz und Reaktion zu bemerken.

Wenn Michael nun spät nach Hause kam, konnte Sara:

Ihre körperliche Reaktion bemerken und mit der 4-4-6-Atmung beruhigen
Ihre automatischen Gedanken erkennen und hinterfragen
Mit dem BOFEE-Modell kommunizieren:
„Du bist heute 45 Minuten später als erwartet nach Hause gekommen, ohne Bescheid zu geben." (Beobachtung)
„Ich fühle mich beunruhigt und verunsichert." (Offenlegung)
„Ich habe ein Bedürfnis nach Vorhersehbarkeit und dem Gefühl, wichtig genug für eine kurze Nachricht zu sein." (Fokus auf Bedürfnisse)
„Wie war dein Tag? Was ist passiert?" (Einfühlsames Zuhören)
„Könntest du mir bitte eine kurze Nachricht schicken, wenn du später kommst?" (Erbitten)
Michaels Transformation
Michael erkannte, dass seine Reaktion auf Saras Vorwürfe mit seinem vermeidenden Bindungsstil zusammenhing. In seiner Familie wurden emotionale Ausdrücke oft ignoriert oder abgewertet, und er hatte gelernt, sich bei emotionaler Intensität zurückzuziehen oder zu verteidigen.

Mit ACT-basierten Techniken lernte er, den Gedanken „Sie greift mich an" als einen Gedanken zu erkennen, nicht als eine absolute Wahrheit. Die Defusionstechniken halfen ihm, mehr Distanz zu diesem automatischen Gedanken zu gewinnen.

Durch die Polyvagal-Theorie verstand er, wie sein Nervensystem bei Saras emotionaler Intensität in den Kampf-oder-Flucht-Modus wechselte. Er lernte, seinen Körperzustand zu regulieren, indem er bewusst tiefe Bauchatmung praktizierte und seine Schultern entspannte.

Wenn Sara nun ihre Sorge oder Frustration äußerte, konnte Michael:

Seine defensive körperliche Reaktion bemerken und regulieren
Aktives Zuhören praktizieren, statt sofort zu antworten
Saras Perspektive validieren, bevor er seine eigene teilte:
„Ich verstehe, dass es dich beunruhigt hat, als ich nicht Bescheid gegeben habe."
„Es macht Sinn, dass du dich so gefühlt hast."
„Ich möchte, dass du weißt, dass es nichts mit mangelndem Respekt zu tun hat."
Der gemeinsame Spalt
Das Bemerkenswerteste an ihrer Transformation war, wie Sara und Michael lernten, einen gemeinsamen Spalt zwischen Reiz und Reaktion zu kultivieren – einen Raum, in

dem sie als Paar innehielten, bevor sie in destruktive Muster verfielen.

Sie entwickelten eine „Timeout"-Geste – ein unauffälliges Handzeichen, das signalisierte: „Wir sind in einem Muster, lass uns innehalten." Dieses Signal gab ihnen beiden die Erlaubnis, einen tiefen Atemzug zu nehmen, sich kurz zu sammeln und dann das Gespräch mit mehr Bewusstheit fortzusetzen.

Mit der Zeit konnten sie sogar einen gemeinsamen Sinn für Humor über ihre Muster entwickeln. Als Sara einmal in ihre alte Reaktion verfiel, konnte Michael sanft scherzen: „Da ist sie wieder, die Zeituhr-Königin" – ein Spitzname, den sie gemeinsam für Saras Pünktlichkeitssorgen entwickelt hatten. Statt sich angegriffen zu fühlen, konnte Sara lachen und ihr Muster selbst erkennen.

Nach sechs Monaten bewusster Praxis berichteten beide von einer tiefgreifenden Veränderung:

Die Konflikte über Michaels Zuspätkommen waren seltener und kürzer
Die emotionale Temperatur ihrer Auseinandersetzungen war niedriger
Sie fühlten sich sicherer, verletzliche Themen anzusprechen
Sie konnten schneller zur Verbindung zurückfinden

Beide fühlten sich gesehen und verstanden, selbst in schwierigen Momenten

Diese Transformation verdeutlicht die Kraft des Spalts zwischen Reiz und Reaktion in Beziehungen: Wenn beide Partner Zugang zu diesem Raum haben, können selbst tief verwurzelte, destruktive Muster durchbrochen und durch konstruktivere, verbindendere Interaktionen ersetzt werden.

Praxisaufgabe: Dein „schwieriges Gespräch"-Leitfaden erstellen

Um die Prinzipien dieses Kapitels in die Praxis umzusetzen, erstelle einen personalisierten Leitfaden für schwierige Gespräche – ein Werkzeug, das du vor, während und nach herausfordernden Kommunikationssituationen nutzen kannst.

Anleitung:

Identifiziere deine typischen Kommunikations-Trigger:

In welchen Gesprächssituationen reagierst du besonders emotional?
Welche Worte, Tonfall oder nonverbalen Signale triggern dich?
Mit welchen Personen erlebst du regelmäßig kommunikative Herausforderungen?
Erkenne deine automatischen Reaktionsmuster:

Wie reagierst du typischerweise, wenn du getriggert wirst? (z.B. Angriff, Rückzug, Rechtfertigung, Sarkasmus)

Welche körperlichen Signale zeigen dir, dass du in eine automatische Reaktion gehst?

Welche Gedanken und Gefühle begleiten diese Reaktionen?

Erstelle deinen Vor-Gespräch-Leitfaden:

Wie kannst du dich emotional und mental auf das Gespräch vorbereiten?

Welche Intention möchtest du setzen?

Welche Körperhaltung oder Atemtechnik könnte dir helfen, zentriert zu bleiben?

Welche Erinnerungen oder Anker kannst du nutzen, um im Spalt zu bleiben?

Entwickle deinen Während-des-Gesprächs-Leitfaden:

Welche Schlüsselsätze oder Fragen kannst du nutzen, um aktives Zuhören zu praktizieren?

Wie kannst du das BOFEE-Modell in deinen eigenen Worten anwenden?

Welche kleinen Pausen oder Anker kannst du einbauen, um den Spalt zu erweitern?

Wie kannst du Grenzen setzen, wenn nötig?

Plane deinen Nach-Gespräch-Leitfaden:

Wie wirst du das Gespräch reflektieren und daraus lernen?

Wie kannst du dich selbst für Fortschritte anerkennen?
Wie wirst du mit residualen schwierigen Emotionen umgehen?
Was könntest du beim nächsten Mal anders machen? Gestalte diesen Leitfaden als ein persönliches Dokument – vielleicht als kleine Karte für deine Brieftasche, als Notiz in deinem Telefon oder als ausführlicheres Dokument für komplexere Situationen. Der Prozess des Erstellens selbst ist bereits wertvoll, da er dich dazu bringt, proaktiv über Kommunikation nachzudenken, statt nur reaktiv zu sein.

Reflexionsfragen
Bevor wir dieses Kapitel abschließen, nimm dir einen Moment Zeit, um über folgende Fragen nachzudenken:

Welches Bindungsmuster erkennst du in deinen eigenen Beziehungsdynamiken? Wie beeinflusst es deine typischen Reaktionen in emotionalen Situationen?

In welchen kommunikativen Kontexten fällt es dir am schwersten, den Spalt zwischen Reiz und Reaktion zu finden und zu nutzen?

Welche der vorgestellten Kommunikationstechniken (BOFEE, aktives Zuhören, Grenzen setzen) scheint für dich am relevantesten oder herausforderndsten?

Wie könntest du die Prinzipien der Co-Regulation nutzen, um nicht nur deine eigenen Reaktionen zu regulieren, sondern auch zur Regulation in deinen Beziehungen beizutragen?

Welche kleinen, konkreten Veränderungen in deiner Kommunikation könntest du in der kommenden Woche implementieren?

Zusammenfassung
In diesem Kapitel haben wir erforscht, wie wir den Spalt zwischen Reiz und Reaktion in unseren Beziehungen und unserer Kommunikation nutzen können:

Spiegelneuronen, Bindungsmuster und Co-Regulation bilden die neurobiologische und psychologische Grundlage unserer zwischenmenschlichen Interaktionen und erklären, warum wir in Beziehungen oft automatisch reagieren.

Das BOFEE-Modell der Gewaltfreien Kommunikation bietet einen strukturierten Ansatz, um authentisch und empathisch zu kommunizieren, indem wir Beobachtung, Offenlegung, Fokus auf Bedürfnisse, Einfühlsames Zuhören und Erbitten konkreter Handlungen integrieren.

Aktives Zuhören ermöglicht es uns, präsent zu bleiben und tieferes Verständnis zu entwickeln, statt in Verteidigung oder Gegenargumente zu verfallen – es erweitert den gemeinsamen Spalt zwischen Reiz und Reaktion.

Gesunde Grenzen zu setzen ohne Schuldgefühle ist eine essentielle Fähigkeit für erfüllende Beziehungen, und das CARE-Modell bietet einen Rahmen, um dies klar und respektvoll zu tun.

Das Fallbeispiel von Sara und Michael illustriert, wie ein Paar durch die bewusste Anwendung dieser Prinzipien destruktive Konfliktmuster durchbrechen und einen gemeinsamen Spalt zwischen Reiz und Reaktion kultivieren kann.

Die Praxisaufgabe zur Erstellung eines persönlichen Gesprächsleitfadens gibt ein konkretes Werkzeug an die Hand, um diese Prinzipien in herausfordernden Kommunikationssituationen anzuwenden.

Die Erweiterung des Spalts zwischen Reiz und Reaktion in unseren Beziehungen ist vielleicht einer der kraftvollsten Wege, innere Souveränität zu leben. Wenn wir lernen, nicht aus automatischen Mustern heraus zu kommunizieren, sondern aus bewusster Präsenz und Verbindung, transformieren wir nicht nur unsere Beziehungen, sondern tragen auch zur Heilung und zum Wachstum unserer Mitmenschen bei.

Im nächsten Kapitel werden wir ein unverzichtbares Werkzeug für den Umgang mit akuten emotionalen Herausforderungen erkunden: dein persönliches Notfallkit für emotionale Überflutungen und schwierige Momente.

Dein persönliches Notfallkit

„Wenn du in tiefen Wassern schwimmst, ist es nützlich zu wissen, wie man sich über Wasser hält."
— Jon Kabat-Zinn

Stell dir folgende Situation vor: Du erhältst eine kritische E-Mail von deinem Vorgesetzten, die einen Fehler in deiner Arbeit hervorhebt. Sofort spürst du, wie eine Welle von Scham und Angst durch deinen Körper fließt, dein Herzschlag beschleunigt sich, dein Atem wird flach, und ein Sturm von Gedanken rast durch deinen Kopf: „Ich bin inkompetent", „Alle werden es erfahren", „Ich könnte meinen Job verlieren."

In solchen Momenten emotionaler Überflutung kann selbst der kultivierte Spalt zwischen Reiz und Reaktion plötzlich sehr schmal werden. Die Techniken und Praktiken, die wir in ruhigeren Momenten gut anwenden können, scheinen unerreichbar, wenn starke Emotionen uns überwältigen.

Genau für diese herausfordernden Momente ist ein persönliches Notfallkit unverzichtbar – eine Sammlung von schnell zugänglichen, praktizierten Werkzeugen, die uns helfen, in akuten Belastungssituationen den Spalt zwischen Reiz und Reaktion wiederzufinden und zu nutzen.

In diesem Kapitel werden wir ein umfassendes emotionales Erste-Hilfe-Kit zusammenstellen, das dir in den stürmischsten Momenten deines Lebens als Anker dienen kann.

Konzepte: Erste Hilfe bei emotionalen Überflutungen
Bevor wir die spezifischen Techniken erkunden, ist es wichtig, das Konzept der emotionalen Überflutung zu verstehen und warum wir in solchen Zuständen besondere Strategien benötigen.

Was ist emotionale Überflutung?
Emotionale Überflutung bezeichnet einen Zustand, in dem wir von intensiven Gefühlen so überwältigt werden, dass unsere normalen Bewältigungsmechanismen überfordert sind. In diesem Zustand wird der präfrontale Kortex – der Teil unseres Gehirns, der für rationales Denken, Planung und Impulskontrolle zuständig ist – teilweise „off-

line" geschaltet, während das limbische System (insbesondere die Amygdala) hyperaktiv wird.

Neurobiologisch betrachtet kommt es zu einer „Entführung" durch die Amygdala, wie der Psychologe Daniel Goleman es nennt. Das Stresshormon Cortisol und andere biochemische Substanzen überfluten den Körper, was zu einer Kaskade von körperlichen und mentalen Reaktionen führt:

Erhöhter Herzschlag und Blutdruck
Flachere, schnellere Atmung
Muskelanspannung
Eingeschränktes Denkvermögen
Tunnelblick (eingeschränkte Wahrnehmung)
Erhöhte Reaktivität
Reduzierte Fähigkeit, komplexe Informationen zu verarbeiten
In diesem Zustand haben wir nur begrenzten Zugang zu unseren höheren kognitiven Funktionen und tendieren dazu, in primitive Überlebensreaktionen zu verfallen: Kampf (Aggression), Flucht (Vermeidung), Erstarrung (Dissoziation) oder Unterwerfung (übermäßige Anpassung).

Warum brauchen wir spezielle Notfalltechniken?
In Momenten emotionaler Überflutung sind viele der komplexeren Techniken, die wir in diesem Buch kennengelernt haben (wie kognitive Umstrukturierung oder tiefe

Achtsamkeitspraxis), nur schwer zugänglich. Es ist, als würden wir versuchen, eine präzise Uhrenmacherarbeit während eines Erdbebens durchzuführen.

Das Notfallkit verwendet daher Ansätze, die:

Einfach und leicht erinnerbar sind, selbst in Zuständen hoher Erregung
Direkt auf der physiologischen Ebene ansetzen, um das Nervensystem zu beruhigen
Keine komplexen kognitiven Prozesse erfordern
Schnell wirksam sind, um die erste Welle der Überflutung zu reduzieren
Vorher geübt wurden, so dass sie zu automatisierten Reaktionen werden können
Diese Notfalltechniken zielen nicht darauf ab, das Problem zu lösen oder tiefe Einsichten zu vermitteln. Ihr primäres Ziel ist es, uns aus dem überfluteten Zustand zurück in einen Bereich relativer Regulation zu bringen – einen Zustand, in dem wir wieder Zugang zum Spalt zwischen Reiz und Reaktion haben und unsere anderen Werkzeuge nutzen können.

Das Fenster der Toleranz verstehen
Ein hilfreiches Konzept zum Verständnis emotionaler Überflutung ist das „Fenster der Toleranz", entwickelt von Dr. Dan Siegel. Dieses Modell beschreibt drei Zustände des Nervensystems:

Hyperarousal (Übererregung): Ein Zustand hoher Erregung, charakterisiert durch Angst, Wut, Überwältigung, Impulsivität, Chaos und Panik. Dies entspricht oft der Kampf-oder-Flucht-Reaktion.

Fenster der Toleranz: Der optimale Zustand, in dem wir weder übererregt noch untererregt sind. In diesem Bereich können wir mit Emotionen umgehen, ohne überwältigt zu werden; wir können klar denken, bewusst wählen und effektiv funktionieren.

Hypoarousal (Untererregung): Ein Zustand niedriger Aktivierung, gekennzeichnet durch Erstarrung, Dissoziation, emotionale Taubheit, Erschöpfung oder Depression. Dies entspricht oft der Erstarrungsreaktion.

Das Ziel unseres Notfallkits ist es, uns bei Übererregung zu beruhigen oder bei Untererregung zu aktivieren, um uns zurück in das Fenster der Toleranz zu bringen – den Bereich, in dem wir Zugang zum Spalt zwischen Reiz und Reaktion haben.

Übungen: Die 5-4-3-2-1-Methode (detaillierte Anleitung) Eine der wirksamsten Techniken zur schnellen Erdung bei emotionaler Überflutung ist die 5-4-3-2-1-Methode. Diese sensorische Erdungstechnik nutzt alle fünf Sinne, um uns aus kreisenden Gedanken oder überwältigenden Gefühlen zurück in den gegenwärtigen Moment zu bringen.

Detaillierte Anleitung:
Vorbereitung:

Diese Übung kann im Sitzen, Stehen oder Gehen durchgeführt werden
Atme zunächst zweimal tief ein und aus, um den Prozess einzuleiten
Erlaube dir, die Übung in deinem eigenen Tempo durchzuführen
5 Dinge SEHEN:

Schaue dich bewusst um und identifiziere fünf Dinge, die du sehen kannst
Benenne sie innerlich oder leise: „Ich sehe die blaue Lampe", „Ich sehe das Bücherregal"...
Versuche, Details wahrzunehmen: Farben, Formen, Texturen, Licht und Schatten
Nimm dir Zeit, wirklich hinzuschauen, als würdest du diese Dinge zum ersten Mal sehen
4 Dinge BERÜHREN/FÜHLEN:

Nimm vier verschiedene Dinge wahr, die du körperlich fühlen oder berühren kannst
Dies können Dinge sein, die du aktiv berührst: „Ich fühle die Armlehne des Stuhls", „Ich fühle meine Füße auf dem Boden"
Oder Empfindungen im Körper: „Ich fühle die Wärme meiner Hände", „Ich fühle meine Kleidung auf meiner Haut"

Achte auf die Qualität dieser Empfindungen: Temperatur, Textur, Druck, Gewicht
3 Dinge HÖREN:

Lausche aufmerksam und identifiziere drei verschiedene Geräusche
Auch leise Hintergrundgeräusche zählen: „Ich höre das Summen der Klimaanlage", „Ich höre entfernte Stimmen"
Versuche, die Geräusche einfach wahrzunehmen, ohne sie zu bewerten oder eine Geschichte darüber zu erzählen
Bemerke die Qualitäten der Geräusche: Lautstärke, Tonhöhe, Rhythmus, Entfernung
2 Dinge RIECHEN:

Nimm zwei Gerüche in deiner Umgebung wahr
Falls keine offensichtlichen Gerüche vorhanden sind, kannst du:
An deinen Händen riechen
An einem Gegenstand wie einem Buch oder Kleidungsstück riechen
Falls verfügbar, an einem ätherischen Öl oder einer Handcreme riechen
Benenne diese innerlich: „Ich rieche den Kaffee", „Ich rieche das Holz des Tisches"
1 Ding SCHMECKEN:

Nimm einen Geschmack in deinem Mund wahr
Dies kann der Nachgeschmack deines letzten Getränks oder einer Mahlzeit sein

Oder bemerke einfach den Geschmack in deinem Mund:
„Ich schmecke die Minze von der Zahnpasta"
Alternativ kannst du auch bewusst etwas schmecken:
Ein Schluck Wasser trinken
Ein Pfefferminzbonbon oder Kaugummi
Die Zunge über die Lippen fahren lassen
Abschluss:

Nimm nach Abschluss der Übung einen tiefen Atemzug
Bemerke, wie du dich jetzt fühlst im Vergleich zum Beginn der Übung
Anerkenne, dass du erfolgreich eine Erdungstechnik angewendet hast
Diese Methode ist besonders wirksam, weil sie:

Die Aufmerksamkeit von inneren Gedanken und Gefühlen weg und auf äußere Sinneswahrnehmungen lenkt
Den präfrontalen Kortex durch bewusste Aufmerksamkeitslenkung aktiviert
Die Verbindung zum gegenwärtigen Moment stärkt
Eine schrittweise Struktur bietet, die selbst in Stresssituationen leicht erinnerbar ist
Wenn du diese Übung regelmäßig praktizierst, wird sie zu einer automatisierten Ressource, auf die du in Momenten emotionaler Überflutung zurückgreifen kannst.

Box-Breathing mit Visualisierung

Box-Breathing (auch als quadratische Atmung bekannt) ist eine kraftvolle Atemtechnik, die von Elitesoldaten, Rettungskräften und Leistungssportlern genutzt wird, um in Hochstresssituationen Ruhe und Kontrolle zu bewahren. Die Kombination mit Visualisierung verstärkt die beruhigende Wirkung zusätzlich.

Anleitung:
Grundposition:

Setze oder stelle dich bequem hin, mit aufrechter, aber entspannter Wirbelsäule
Lege eine Hand sanft auf deinen Bauch, um die Bauchatmung zu spüren
Schließe die Augen oder fixiere einen Punkt vor dir
Die Box visualisieren:

Stelle dir ein Quadrat oder eine Box vor
Du wirst mit deiner Atmung entlang der vier Seiten dieser Box reisen
Jede Seite entspricht einer Phase der Atmung und dauert gleich lang
Phase 1: Einatmen (erste Seite der Box)

Atme langsam und tief durch die Nase ein, während du in deiner Vorstellung die erste Seite der Box von unten nach oben entlangfährst
Zähle dabei innerlich bis 4

Fühle, wie sich dein Bauch und dann dein Brustkorb mit Luft füllen
Phase 2: Atem anhalten (zweite Seite)

Halte deinen Atem an, während du in deiner Vorstellung die obere Seite der Box von links nach rechts entlangfährst
Zähle dabei innerlich bis 4
Bleibe entspannt, ohne Anspannung zu erzeugen
Phase 3: Ausatmen (dritte Seite)

Atme langsam und vollständig durch den Mund aus, während du in deiner Vorstellung die rechte Seite der Box von oben nach unten entlangfährst
Zähle dabei innerlich bis 4
Lasse die Luft sanft und kontrolliert entweichen
Phase 4: Atem anhalten (vierte Seite)

Halte deinen Atem nach dem Ausatmen für einen Moment an, während du in deiner Vorstellung die untere Seite der Box entlangfährst
Zähle dabei innerlich bis 4
Bereite dich mental auf den nächsten Einatemzug vor
Wiederholung:

Wiederhole diesen Zyklus 4-6 Mal oder bis du eine deutliche Beruhigung spürst
Mit jeder Runde kannst du dir vorstellen, wie die Box größer und deine Atmung tiefer wird

Oder visualisiere, wie die Box mit jedem Zyklus ruhiger und stabiler wird

Erweiterte Visualisierung:

Du kannst die Visualisierung erweitern, indem du dir vorstellst, dass du mit dem Einatmen Ruhe, Klarheit oder Stärke einatmest (symbolisiert durch eine Farbe oder Licht)

Beim Ausatmen stellst du dir vor, wie du Anspannung, Stress oder Angst loslässt (symbolisiert durch eine andere Farbe oder Dunst)

Die neurophysiologische Wirkung dieser Technik basiert auf mehreren Faktoren:

Die verlängerte Ausatmung aktiviert den Parasympathikus (Ruhenerv)

Die rhythmische, vorhersehbare Struktur gibt dem Nervensystem ein Signal von Sicherheit

Die Visualisierung lenkt den Geist von kreisenden Gedanken weg

Die Zählkomponente aktiviert den präfrontalen Kortex und reduziert die Amygdala-Aktivität

Box-Breathing ist besonders nützlich in Situationen, in denen du äußerlich ruhig bleiben musst, während du innerlich aufgewühlt bist, wie bei wichtigen Gesprächen, Präsentationen oder in Konfliktsituationen.

Emotionale Erste-Hilfe-Techniken

Neben den bereits vorgestellten Methoden gibt es weitere spezifische Techniken, die in akuten emotionalen Notfallsituationen schnell Erleichterung bringen können. Diese Techniken sind nach den häufigsten emotionalen Herausforderungen kategorisiert.

Für akute Angst und Panik:

1. Die 5-5-7 Beruhigungsatmung

Atme 5 Sekunden ein
Halte den Atem 5 Sekunden an
Atme 7 Sekunden lang aus
Wiederhole für 1-2 Minuten
Diese Atemtechnik mit verlängerter Ausatmung aktiviert den Vagusnerv und senkt schnell die physiologische Erregung.

2. Die „Eiswürfel-Technik"

Halte einen Eiswürfel in der Hand oder lege ihn auf dein Handgelenk
Konzentriere dich intensiv auf die Kälteempfindung
Beobachte, wie die Empfindung sich verändert
Alternative ohne Eis: Kaltes Wasser über Handgelenke laufen lassen oder kalten Waschlappen im Nacken platzieren
Die intensive sensorische Stimulation durch Kälte kann den Gedankenkreislauf bei Angst unterbrechen und das Nervensystem „zurücksetzen".

3. „Grounding durch Druck"

Drücke deine Füße fest in den Boden
Spüre die Unterstützung des Bodens/Stuhls unter dir
Drücke die Handflächen gegeneinander und halte für 15-20 Sekunden
Umarme dich selbst fest und halte für 20-30 Sekunden
Fester Druck aktiviert propriozeptive Rezeptoren, die beruhigende Signale an das Nervensystem senden und Sicherheit vermitteln.

Für überwältigende Wut:
1. Die „Dampf ablassen"-Technik

Verlasse wenn möglich kurz die Situation
Spanne alle Muskeln für 5-10 Sekunden maximal an
Lasse los und atme kraftvoll aus
Wiederhole 3-5 Mal
Diese Technik nutzt die körperliche Komponente der Wut konstruktiv und reduziert die Muskelanspannung.

2. Kühlendes Visualisierungsbild

Schließe kurz die Augen
Stelle dir vor, wie kühles blaues Wasser über deinen Kopf und Körper fließt
Visualisiere, wie es die „heiße" Wut wegspült
Atme dabei tief in den Bauch

Diese Visualisierung nutzt die metaphorische Verbindung zwischen Wut und Hitze und schafft ein inneres Gegenbild.

3. „Verwurzelung in Werten"

Frage dich: „Wie möchte ich aus dieser Situation herausgehen?"
Erinnere dich an einen Kernwert, der dir wichtig ist (z.b. Respekt, Integrität)
Visualisiere kurz, wie du diesen Wert verkörperst
Nimm drei tiefe Atemzüge mit diesem Bild
Diese Technik aktiviert den präfrontalen Kortex und bringt langfristige Werte ins Bewusstsein, was die unmittelbare emotionale Reaktion dämpfen kann.

Für lähmende Scham oder Selbstkritik:
1. Die „Freundliche Hand"-Geste

Lege eine Hand auf dein Herz oder deine Wange
Spüre die Wärme und den Kontakt
Sag dir innerlich: „Dies ist ein Moment des Leidens"
Frage dich: „Wie würde ich mit einem Freund in dieser Situation sprechen?"
Diese Geste aktiviert das Oxytocin-System und Selbstmitgefühl-Netzwerke im Gehirn.

2. „Namen geben"

Erkenne den kritischen inneren Anteil: „Ah, da ist mein innerer Kritiker"

Gib ihm sogar einen Namen wie „Der Perfektionist" oder „Die Richterin"

Schaffe dadurch Distanz: „Ich bemerke, dass der Perfektionist wieder spricht"

Danke diesem Teil sogar für seine Sorge, aber entscheide, ob du ihm jetzt zuhören willst

Das Benennen schafft Abstand und aktiviert den präfrontalen Kortex, der die Amygdala-Aktivität regulieren kann.

3. „Physische Neuausrichtung"

Verändere bewusst deine Körperhaltung
Richte dich auf, öffne deinen Brustkorb
Hebe dein Kinn leicht an
Löse die Anspannung in deinen Schultern
Diese Technik nutzt die bidirektionale Beziehung zwischen Körperhaltung und emotionalem Zustand, um Schamgefühle zu reduzieren.

Für emotionale Taubheit oder Dissoziation:
1. Sensorische Intensivierung

Reibe deine Hände schnell aneinander, bis sie warm werden
Wasche deine Hände mit sehr kaltem oder warmem Wasser

Lutsche ein stark schmeckendes Bonbon (sauer, scharf oder minzig)

Rieche an einem intensiven Duft (ätherisches Öl, Kaffee, etc.)

Intensive sensorische Reize können helfen, bei Dissoziation wieder in den Körper zurückzukehren.

2. „Rhythmisches Bewegungsmuster"

Beginne zu gehen und spüre bewusst jeden Schritt

Tippe abwechselnd mit den Füßen oder klopfe abwechselnd mit den Händen auf die Oberschenkel

Folge einem einfachen Rhythmus: links-rechts-links-rechts

Steigere langsam das Tempo und dann verlangsame es wieder

Bilaterale Stimulation und Rhythmus können helfen, nach einer Dissoziation wieder ins Gleichgewicht zu kommen.

3. „Benennen, was ist"

Schau dich um und benenne laut, was du siehst

Beschreibe detailliert einen Gegenstand im Raum

Sage deinen Namen, das Datum und wo du bist

Zähle von 100 rückwärts in 7er-Schritten

Diese Techniken aktivieren den präfrontalen Kortex und helfen, bei Dissoziation in die Gegenwart zurückzukehren.

Personalisierung: Wie du dein eigenes Notfallkit zusammenstellst

Der Schlüssel zu einem wirksamen emotionalen Notfallkit liegt in der Personalisierung. Nicht jede Technik wirkt für jeden Menschen gleich gut, und verschiedene emotionale Zustände erfordern unterschiedliche Ansätze.

Schritt 1: Deine emotionalen Notfallmuster identifizieren

Reflektiere über deine typischen emotionalen Notfallsituationen:

Welche Emotionen überwältigen dich am häufigsten? (Angst, Wut, Scham, Trauer...)

Wie manifestieren sich diese Emotionen körperlich? (Herzrasen, Enge in der Brust, Hitze im Gesicht...)

Welche Gedanken begleiten diese emotionalen Zustände typischerweise?

Wo auf dem Spektrum „Übererregung - Fenster der Toleranz - Untererregung" landest du typischerweise?

In welchen spezifischen Situationen oder mit welchen Personen erlebst du emotionale Überflutung?

Je genauer du deine persönlichen Muster kennst, desto gezielter kannst du dein Notfallkit zusammenstellen.

Schritt 2: Passende Techniken auswählen und anpassen

Wähle aus den vorgestellten Techniken (und anderen, die du kennst) diejenigen aus, die:

Zu deinem Persönlichkeitstyp passen: Bist du eher visuell, auditiv oder kinästhetisch orientiert? Bevorzugst du körperliche oder mentale Techniken?

Zu deinem spezifischen emotionalen Muster passen: Für Übererregung (Angst, Wut) sind beruhigende Techniken sinnvoll; für Untererregung (Dissoziation, Erschöpfung) eher aktivierende Ansätze.

In deinem Alltag praktikabel sind: Berücksichtige, wo und wann du typischerweise emotionale Notfälle erlebst und wähle Techniken, die in diesen Kontexten anwendbar sind.

Individuell angepasst werden können: Modifiziere die Techniken nach deinen Bedürfnissen und Präferenzen.

Schritt 3: Dein personalisiertes Notfallkit physisch erstellen
Ein wichtiger Aspekt ist, dein Notfallkit nicht nur mental, sondern auch physisch zu erstellen:

Digitale Version:

Erstelle eine Notiz auf deinem Smartphone mit deinen wichtigsten Techniken
Nehme kurze Audio-Anleitungen für deine bevorzugten Übungen auf
Speichere beruhigende Bilder oder Erinnerungsfotos

Richte Schnellzugriffe auf Musik oder Sounds ein, die dir helfen

Physische Version:

Stelle eine kleine Box oder Tasche zusammen mit:
Eine Karte mit Schritt-für-Schritt-Anleitungen für deine Techniken
Ein oder zwei sensorische Hilfsmittel (z.b. ein Stressball, ein Stück weiches Gewebe)
Ein ätherisches Öl oder anderer beruhigender Duft
Ein kleines Erinnerungsobjekt, das dich mit Ressourcen verbindet
Ein Foto von einem sicheren Ort oder einer unterstützenden Person

Immer-dabei-Version:

Wähle 1-2 Techniken aus, die du ohne Hilfsmittel überall durchführen kannst
Erstelle eine Tiny-Card oder einen Schlüsselanhänger mit Stichworten
Übe diese Techniken besonders häufig, damit sie automatisiert werden

Schritt 4: Proaktives Training deines Notfallkits
Ein Notfallkit ist nur so effektiv wie deine Fähigkeit, es im Ernstfall tatsächlich zu nutzen. Daher ist regelmäßiges Training essentiell:

Tägliche Mikro-Praxis: Übe deine ausgewählten Techniken täglich für 1-2 Minuten, selbst wenn du dich gut fühlst. Dies bahnt neuronale Pfade, die in Notfallsituationen leichter aktivierbar sind.

Simulationstraining: Stelle dir regelmäßig herausfordernde Situationen vor und übe deine Notfalltechniken während dieser Visualisierung. Dies erleichtert den Zugang in echten Stresssituationen.

Früherkennung schulen: Trainiere dich darin, die ersten subtilen Anzeichen emotionaler Überflutung zu erkennen. Je früher du dein Notfallkit aktivierst, desto wirksamer ist es.

Nach-Notfall-Analyse: Werte nach jedem emotionalen Notfall aus, was gut funktioniert hat und was nicht. Passe dein Kit entsprechend an.

Übung: Dein persönliches Mini-Notfallkit erstellen
Anleitung:

Identifikation:

Wähle die ein bis zwei emotionalen Zustände aus, die dich am häufigsten überwältigen
Notiere die frühen Warnsignale dieser Zustände (körperlich, mental, emotional)
Technikauswahl:

Wähle für jeden Zustand eine primäre und eine Backup-Technik

Für Zustand 1 (z.B. Angst):

Primärtechnik: _____

Backup-Technik: _____

Für Zustand 2 (z.B. Wut):

Primärtechnik: _____

Backup-Technik: _____

Personalisierung:

Passe jede Technik an deine Bedürfnisse an:
Welche spezifischen Worte oder Bilder wirken für dich am besten?
Welche Variation der Technik passt am besten zu dir?
Wie kannst du sie in deinen typischen Umgebungen anwenden?
Aktivierungssatz:

Formuliere einen kurzen, kraftvollen Satz, der dich daran erinnert, dein Notfallkit zu aktivieren:
„Pause und Atmen"
„Zurück zu mir"
„Jetzt ist Notfallzeit"
Oder finde deinen eigenen: _____
Physische Umsetzung:

Erstelle eine Mini-Karte für deine Brieftasche oder dein Handy
Formuliere die Techniken in prägnanten, klaren Schritten

Füge visuelle Erinnerungssymbole hinzu, wenn hilfreich

Diese Übung hilft dir, ein fokussiertes, praktisches Notfallkit zu erstellen, das du sofort umsetzen kannst.

Digitale Tools: Apps und Ressourcen für akute Situationen

In unserer digitalen Welt können technologische Hilfsmittel wertvolle Ergänzungen zu deinem emotionalen Notfallkit sein. Hier sind einige Kategorien und Beispiele:

Achtsamkeits- und Meditationsapps mit SOS-Funktionen

Viele Achtsamkeitsapps bieten spezielle Notfall- oder SOS-Module für akute Stress- und Angstsituationen:

Calm hat eine „Emergency Calm"-Funktion mit kurzen Atemübungen für akute Angst

Headspace bietet „SOS"-Meditationen für verschiedene emotionale Notfälle

Insight Timer enthält zahlreiche kurze geführte Meditationen für spezifische emotionale Herausforderungen

Diese Apps sind besonders hilfreich, weil sie:

Geführte Audio-Anleitungen bieten, denen du einfach folgen kannst

Oft visuelle Elemente enthalten, die den Fokus unterstützen

In verschiedenen Situationen diskret nutzbar sind (mit Kopfhörern)

Atem- und Biofeedback-Tools

Apps und Geräte, die direkt mit deiner Physiologie arbeiten, können besonders effektiv sein, um das Nervensystem zu regulieren:

Breathe+ und ähnliche Atem-Apps bieten visuelle Führung für verschiedene Atemtechniken und können auf deine persönlichen Bedürfnisse angepasst werden
Heartmath und andere HRV-Biofeedback-Tools visualisieren deine Herzratenvariabilität in Echtzeit und helfen dir, in einen kohärenten physiologischen Zustand zu gelangen
Paced Breathing Apps synchronisieren deine Atmung mit visuellen und akustischen Signalen
Der Vorteil dieser Tools liegt in ihrer Fähigkeit, direktes Feedback zu geben und komplexe physiologische Prozesse zu visualisieren, was die Selbstregulation erleichtern kann.

Ablenkungsbasierte und sensorische Apps
Manchmal kann gezielte Ablenkung eine wirksame Notfalltechnik sein, besonders bei Gedankenkreisen oder emotionaler Überflutung:

Puzzle- oder Denkspiele wie Sudoku oder Worträtsel können den Geist kurzzeitig umleiten
Sensorische Apps mit beruhigenden visuellen oder akustischen Elementen (z.B. Regengeräusche, Naturbilder, sanfte Farbverläufe)

Interaktive Erdungswerkzeuge wie Apps, die dich durch sensorische Erdungsübungen führen
Diese Tools können besonders hilfreich sein, um in öffentlichen Situationen diskret einen emotionalen Notfall zu bewältigen.

Wichtige Überlegungen zu digitalen Tools
Bei der Nutzung digitaler Tools für dein emotionales Notfallkit solltest du folgende Punkte beachten:

Offline-Verfügbarkeit: Stelle sicher, dass deine wichtigsten Apps auch offline funktionieren, falls du in einer Notfallsituation keine Internetverbindung hast.

Batterie und Ladestand: Berücksichtige, dass dein Gerät in einem emotionalen Notfall möglicherweise nicht vollständig geladen ist. Priorisiere daher energieeffiziente Apps oder habe eine nicht-digitale Backup-Lösung parat.

Ablenkungspotential: Während digitale Tools hilfreich sein können, bergen sie auch das Risiko weiterer Ablenkung (Benachrichtigungen, E-Mails). Stelle sicher, dass deine Notfall-Apps im Vollbildmodus und mit ausgeschalteten Benachrichtigungen genutzt werden können.

Ergänzung, nicht Ersatz: Betrachte digitale Tools als Ergänzung zu deinen internen Ressourcen und nicht-digitalen Techniken. Die besten Notfalltechniken sind letztlich diejenigen, die du immer bei dir hast – deinen Atem, deine Sinne und dein Bewusstsein.

Integration des Notfallkits in den Alltag
Ein emotionales Notfallkit ist nur dann wirksam, wenn es in deinen Alltag integriert ist und in Momenten der Not tatsächlich zugänglich ist. Hier sind Strategien zur nahtlosen Integration:

Aktivierungstrigger etablieren
Schaffe bewusste „Erinnerungstrigger", die dich an dein Notfallkit erinnern, wenn du es am meisten brauchst:

Visuelle Anker: Platziere kleine visuelle Erinnerungen in deiner Umgebung – ein farbiger Aufkleber am Telefon, ein Symbol als Bildschirmhintergrund, ein bestimmtes Armband.

Situative Verknüpfungen: Verbinde bestimmte Situationen mit deinem Kit: „Jedes Mal, wenn ich in einen Aufzug steige..." oder „Bevor ich eine wichtige E-Mail öffne..."

Körpersignale als Alarm: Trainiere dich darin, bestimmte Körpersignale (erhöhter Herzschlag, flache Atmung, Anspannung im Kiefer) als Auslöser für die Aktivierung deines Notfallkits zu erkennen.

Übung: Der 2-Minuten-Notfallcheck

Diese kurze, täglich durchgeführte Übung kann die Zugänglichkeit deines Notfallkits drastisch verbessern:

Nimm dir jeden Morgen oder Abend 2 Minuten Zeit
Schließe die Augen und stelle dir eine typische emotionale Notfallsituation vor
Spüre, wie die emotionale Reaktion beginnt
Aktiviere bewusst dein Notfallkit und durchlaufe die Schritte mental
Visualisiere, wie du erfolgreich zur Regulation zurückfindest
Diese regelmäßige Praxis bahnt neuronale Pfade, die in einem echten Notfall leichter zugänglich sind – ähnlich wie Feuerwehrübungen uns auf echte Notfälle vorbereiten.

Der Notfallplan für andere
Ein oft übersehener Aspekt eines emotionalen Notfallkits ist die Einbeziehung vertrauter Personen:

Klare Kommunikation: Teile deinen engsten Bezugspersonen mit, wie sie dich in emotionalen Notfallsituationen unterstützen können.

Codewörter etablieren: Vereinbare einfache Signalwörter, die du nutzen kannst, wenn du überwältigt bist und Unterstützung brauchst.

Konkrete Bitten formulieren: Sage anderen genau, was hilfreich ist und was nicht: „In solchen Momenten hilft es mir, wenn du..." oder „Bitte sage nicht..."

Nachdeutlichkeit schaffen: Bespreche emotionale Notfall-situationen nach der Regulation, um Missverständnisse zu klären und das gegenseitige Verständnis zu vertiefen.

Diese gemeinsame Vorbereitung kann die Effektivität deines Notfallkits erheblich steigern und gleichzeitig deine Beziehungen stärken.

Reflexionsfragen
Bevor wir dieses Kapitel abschließen, nimm dir einen Moment Zeit, um über folgende Fragen nachzudenken:

Welche emotionalen Notfallzustände sind für dich am herausforderndsten, und welche Techniken aus diesem Kapitel könnten besonders hilfreich sein?

Was sind deine persönlichen frühen Warnsignale, die dir anzeigen, dass du dich dem Rand deines „Fensters der Toleranz" näherst?

Welche Techniken hast du bisher intuitiv oder bewusst in emotionalen Notfallsituationen eingesetzt, und wie effektiv waren sie?

Wie könntest du die Zugänglichkeit deines Notfallkits in den Momenten verbessern, in denen du es am dringendsten brauchst?

Wer sind die Menschen in deinem Leben, die Teil deines erweiterten Notfallkits sein könnten, und wie könntest du mit ihnen darüber sprechen?

Zusammenfassung
In diesem Kapitel haben wir ein umfassendes emotionales Notfallkit für jene Momente zusammengestellt, in denen die emotionale Überflutung den Spalt zwischen Reiz und Reaktion zu schließen droht:

Wir haben das Konzept der emotionalen Überflutung erkundet und verstanden, wie sie unseren Zugang zum präfrontalen Kortex einschränkt und automatische Reaktionsmuster aktiviert.

Die 5-4-3-2-1-Methode bietet eine strukturierte sensorische Erdungstechnik, die uns schnell zurück in den gegenwärtigen Moment bringen kann, wenn wir von Gedanken oder Gefühlen überwältigt sind.

Box-Breathing mit Visualisierung kombiniert Atemkontrolle mit mentaler Fokussierung, um das Nervensystem schnell zu beruhigen und emotionale Regulation zu fördern.

Spezifische emotionale Erste-Hilfe-Techniken für verschiedene Zustände – von Angst und Panik über Wut bis zu Scham und Dissoziation – bieten gezielte Interventionen für akute emotionale Herausforderungen.

Die Personalisierung des Notfallkits durch Identifikation individueller Muster, Auswahl passender Techniken und physische Erstellung eines Kits maximiert die Wirksamkeit in echten Notfallsituationen.

Digitale Tools und Apps können wertvolle Ergänzungen zum emotionalen Notfallkit sein, wenn sie bewusst ausgewählt und integriert werden.

Die Integration des Notfallkits in den Alltag durch Aktivierungstrigger, regelmäßige Übung und Einbeziehung anderer stellt sicher, dass es in Momenten der Not tatsächlich zugänglich ist.

Das emotionale Notfallkit ist nicht nur ein Werkzeug für Krisensituationen, sondern auch ein Ausdruck von Selbstfürsorge und Selbstverantwortung. Es ermöglicht uns, selbst in den stürmischsten emotionalen Zuständen einen minimalen Spalt zwischen Reiz und Reaktion zu wahren – einen Spalt, der den Unterschied zwischen automatischer Reaktion und bewusster Antwort ausmachen kann.

Im nächsten Kapitel werden wir erkunden, wie wir mit Rückfällen umgehen können – jenen unvermeidlichen

Momenten, in denen wir trotz aller Bemühungen in alte Muster zurückfallen – und wie wir diese Erfahrungen als Sprungbretter für tieferes Wachstum nutzen können.

Rückfälle verstehen und nutzen

„Der Weg der Transformation ist kein Pfad, sondern eine Spirale. Wir kehren immer wieder zu ähnlichen Orten zurück, aber hoffentlich auf einer höheren Ebene."
—— Zen-Sprichwort

Du hast wochenlang konsequent daran gearbeitet, den Spalt zwischen Reiz und Reaktion zu erweitern. Du hast Achtsamkeit praktiziert, deine Gedanken hinterfragt, dich von automatischen Reaktionen distanziert, und sogar ein Notfallkit für emotionale Überflutung zusammengestellt. Dann geschieht es: Ein Trigger trifft dich unerwartet, und plötzlich findest du dich mitten in einer alten, automatischen Reaktion wieder – genau jener Art von Reaktion, die du zu überwinden versucht hast.

In diesem Moment könntest du denken: „All diese Arbeit war umsonst. Ich habe versagt. Ich werde mich nie ändern können."

Doch nichts könnte weiter von der Wahrheit entfernt sein. Rückfälle in alte Muster sind nicht nur normal, sie sind ein natürlicher und notwendiger Teil jedes Transformationsprozesses. Sie sind keine Zeichen des Scheiterns, sondern Gelegenheiten für tieferes Lernen und nachhaltigeres Wachstum.

In diesem Kapitel werden wir erkunden, wie wir Rückfälle verstehen, akzeptieren und sogar als Katalysatoren für unsere weitere Entwicklung nutzen können. Wir werden entdecken, wie wir die Spirale des Wachstums navigieren können, anstatt in der Illusion eines linearen Fortschritts gefangen zu bleiben.

Die Spirale des Wachstums vs. linearer Fortschritt

Eine der hartnäckigsten Illusionen auf dem Weg der persönlichen Entwicklung ist die Vorstellung eines linearen Fortschritts – die Idee, dass wir uns stetig und gleichmäßig vorwärtsbewegen, ohne jemals zurückzufallen. Diese Vorstellung kann besonders schädlich sein, weil sie unvermeidliche Rückfälle als Versagen interpretiert.

Das lineare Modell und seine Probleme

Das lineare Modell des Fortschritts lässt sich so beschreiben:

Du beginnst an Punkt A (unerwünschtes Verhalten)
Du bewegst dich stetig und gleichmäßig zu Punkt B (erwünschtes Verhalten)

Sobald du Punkt B erreicht hast, bleibst du dort
Dieses Modell suggeriert:

Fortschritt sollte konstant und gleichmäßig sein
Rückschritte sind Versagen
Es gibt einen klar definierten „Endpunkt" der Entwicklung
Die Probleme dieses Modells liegen auf der Hand: Es ignoriert die Komplexität menschlicher Veränderung, erzeugt unrealistische Erwartungen und führt zu Entmutigung, wenn die Realität – wie es fast immer der Fall ist – nicht diesem idealisierten Bild entspricht.

Das Spiralmodell des Wachstums
Ein realistischeres und hilfreicheres Modell ist die Wachstumsspirale:

Du bewegst dich auf einer spiralförmigen Bahn vorwärts
Du kommst immer wieder an ähnlichen Punkten vorbei, aber auf einer höheren Ebene
Die Bewegung ist nicht gleichmäßig, sondern beinhaltet Beschleunigungen, Verlangsamungen und scheinbare Rückschritte
Dieses Modell erkennt an:

Wachstum verläuft zyklisch, nicht linear
Wir begegnen denselben Themen und Herausforderungen immer wieder, aber mit wachsender Bewusstheit und Fähigkeit

Scheinbare Rückfälle sind integrale Bestandteile des Fortschritts, nicht sein Gegenteil

Neurobiologische Grundlagen der Wachstumsspirale

Die moderne Neurowissenschaft unterstützt das Spiralmodell. Veränderung im Gehirn geschieht nicht linear, sondern durch wiederholte Aktivierung und Verstärkung neuronaler Pfade:

Hebb'sches Lernen: „Neurons that fire together, wire together" – Neuronen, die gemeinsam aktiviert werden, verstärken ihre Verbindungen. Doch dieses „Zusammenverdrahten" ist ein gradueller Prozess, der wiederholte Aktivierung erfordert.

Neuronale Konkurrenz: Alte und neue neuronale Pfade existieren parallel und konkurrieren um Aktivierung. Unter Stress oder bei Müdigkeit werden ältere, stärker gebahnte Pfade leichter aktiviert.

Konsolidierung durch Wiederholung: Neue neuronale Verbindungen werden durch wiederholte Aktivierung gestärkt. Jeder Rückfall, gefolgt von bewusster Korrektur, verstärkt die neuen Pfade.

Pruning und Neuroplastizität: Ungenutzte Verbindungen werden mit der Zeit geschwächt („use it or lose it"). Alte Reaktionsmuster verschwinden nicht sofort, sondern werden allmählich schwächer, während neue gestärkt werden.

Diese neurobiologischen Prozesse erklären, warum Fortschritt nicht linear verläuft und warum Rückfälle Teil des natürlichen Lernprozesses sind. Jedes Mal, wenn wir nach einem Rückfall zu unserem bewussteren Verhalten zurückkehren, stärken wir die neuen neuronalen Pfade und beschleunigen den Wandel.

Warum Rückfälle biologisch normal sind
Rückfälle sind nicht nur neurobiologisch erklärbar, sie sind aus evolutionärer Sicht sogar zu erwarten. Unser Gehirn und Nervensystem sind auf Überleben optimiert, nicht auf persönliches Wachstum oder Glück im modernen Sinne.

Evolutionäre Perspektive auf Gewohnheiten
Aus evolutionärer Sicht waren automatisierte Reaktionsmuster lebenswichtig:

Sie sparten wertvolle kognitive Ressourcen
Sie ermöglichten schnelle Reaktionen auf Bedrohungen
Sie stellten sicher, dass bewährte Überlebensstrategien beibehalten wurden
Das Gehirn bevorzugt energieeffiziente Prozesse. Automatisierte Reaktionen verbrauchen weniger Energie als bewusstes Nachdenken und Entscheiden. Selbst wenn wir neue, gesündere Reaktionsmuster entwickeln, wird das Gehirn unter bestimmten Umständen zu den energieeffizienteren, automatisierten (alten) Mustern zurückkehren.

Trigger-Bedingungen für Rückfälle

Bestimmte Bedingungen machen Rückfälle besonders wahrscheinlich:

HALT-Zustände: Ein Akronym für Hungry (hungrig), Angry (wütend), Lonely (einsam), Tired (müde) – physiologische und emotionale Zustände, die unsere Selbstregulationsfähigkeit erheblich reduzieren.

Hoher Stress: Stress aktiviert primitive Hirnregionen und deaktiviert teilweise den präfrontalen Kortex, was zu automatisierten Reaktionen führt.

Starke emotionale Auslöser: Intensive emotionale Trigger können die Amygdala aktivieren und zu schnellen, unbewussten Reaktionen führen, bevor der rationale Teil des Gehirns eingreifen kann.

Bekannte Umgebungen: Orte, Menschen oder Situationen, die mit alten Verhaltensmustern assoziiert sind, können diese automatisch auslösen (Kontextabhängigkeit von Gewohnheiten).

Kognitive Überlastung: Wenn unser Arbeitsgedächtnis überlastet ist, haben wir weniger Kapazität für bewusste Entscheidungen und fallen leichter in Autopilot-Muster zurück.

Die Erkenntnis, dass Rückfälle unter bestimmten Bedingungen biologisch fast unvermeidlich sind, kann Selbstvorwürfe reduzieren und einen konstruktiveren Umgang mit ihnen fördern.

Die „Rückfall-Kaskade" verstehen
Rückfälle folgen oft einem vorhersehbaren Muster, das als „Rückfall-Kaskade" bezeichnet wird:

Auslösende Situation: Ein Trigger aktiviert alte neuronale Pfade.

Automatische Reaktion: Das alte Verhaltensmuster wird aktiviert, bevor bewusste Intervention möglich ist.

Bewusstwerden: Wir bemerken den Rückfall, oft mit Erschrecken oder Enttäuschung.

Sekundäre Reaktion: Unsere Reaktion auf den Rückfall – hier entscheidet sich, ob der Rückfall zu Wachstum oder zu weiterem Rückschritt führt.

Verstärkung oder Korrektur: Je nachdem, wie wir auf den Rückfall reagieren, verstärken wir entweder das alte Muster oder kehren zum neuen, bewussteren Weg zurück.

Der kritischste Punkt in dieser Kaskade ist die sekundäre Reaktion – wie wir auf den Rückfall selbst reagieren. Hier haben wir die Möglichkeit, den Rückfall in eine Gelegenheit für Wachstum zu verwandeln.

Die Selbstmitgefühl-Pause
Die wirksamste Reaktion auf einen Rückfall beginnt mit Selbstmitgefühl. Ohne dieses Fundament können wir in einen Teufelskreis aus Selbstkritik, Scham und weiteren Rückfällen geraten. Die Selbstmitgefühl-Pause ist eine Praxis, die diesen Kreislauf durchbricht.

Übung: Die Selbstmitgefühl-Pause
Diese Übung ist besonders wertvoll unmittelbar nach dem Erkennen eines Rückfalls in alte Muster:

Innehalten: Stoppe, was du gerade tust. Wenn möglich, schließe kurz die Augen oder richte deinen Blick nach unten, um äußere Stimulation zu reduzieren.

Atmen: Nimm drei tiefe, bewusste Atemzüge. Beim Ausatmen lasse bewusst etwas Spannung los.

Anerkennen: Erkenne an, was gerade passiert ist: „Ich habe gerade einen Rückfall in ein altes Muster erlebt." Benenne es ohne Urteil, einfach als Tatsache.

Verbindung zur gemeinsamen Menschlichkeit: Erinnere dich daran, dass Rückfälle eine universelle menschliche Erfahrung sind: „Das passiert allen Menschen. Veränderung verläuft nicht linear."

Physische Geste des Mitgefühls: Lege eine Hand auf deine Brust oder Wange, oder umfasse sanft deinen Arm – eine Geste, die Oxytocin freisetzt und selbstberuhigend wirkt.

Mitfühlende Worte: Sprich zu dir selbst, wie du zu einem guten Freund in der gleichen Situation sprechen würdest. Zum Beispiel: „Das war schwierig. Es ist okay, dass das passiert ist. Du lernst und wächst."

Nächster Schritt: Frage dich sanft: „Was brauche ich jetzt? Was wäre die freundlichste, weiseste Handlung in diesem Moment?"

Die Selbstmitgefühl-Pause durchbricht den Automatismus von Selbstkritik und Scham, der Rückfälle oft begleitet. Sie schafft einen Raum der Akzeptanz und Klarheit, aus dem heraus bewusstere Entscheidungen möglich werden.

Die Wissenschaft hinter dem Selbstmitgefühl
Selbstmitgefühl ist nicht nur eine angenehme emotionale Haltung, sondern hat nachweisbare physiologische und psychologische Wirkungen:

Reduktion von Stresshormonen: Selbstmitgefühl senkt die Kortisolspiegel und reduziert die Aktivierung der Kampf-Flucht-Reaktion.

Aktivierung des Beruhigungssystems: Physische Selbstberührung und mitfühlende Worte aktivieren das parasympathische Nervensystem und das körpereigene Oxytocin-System.

Erhöhte kognitive Flexibilität: Im Zustand des Selbstmitgefühls haben wir besseren Zugang zum präfrontalen Kortex und können kreativer und lösungsorientierter denken.

Verbesserte Motivation: Entgegen verbreiteter Annahmen führt Selbstmitgefühl nicht zu Selbstzufriedenheit, sondern zu höherer Motivation für positive Veränderung, verglichen mit Selbstkritik.

Eine bahnbrechende Studie von Kristin Neff und Christopher Germer (2013) zeigte, dass Menschen, die Selbstmitgefühl praktizieren, nach Rückschlägen schneller wieder aufstehen, eher bereit sind, Verantwortung für Fehler zu übernehmen und höhere emotionale Resilienz aufweisen als diejenigen, die selbstkritisch sind.

Nach-Rückfall-Reflexionsfragen
Nach der unmittelbaren Selbstmitgefühl-Pause kann eine tiefere Reflexion wertvolle Einsichten liefern und zukünftige Rückfälle reduzieren. Diese Reflexion sollte in einer ruhigen, zentrierten Verfassung stattfinden – nicht im Hitzegrad der Emotion oder Selbstkritik.

Übung: Nach-Rückfall-Reflexion
Führe diese Übung idealerweise schriftlich durch, entweder unmittelbar nach einem Rückfall (sobald du emotional reguliert bist) oder als regelmäßige wöchentliche Praxis, um aus Erfahrungen zu lernen:

Beschreibung ohne Urteil:

Was geschah genau, von Moment zu Moment?
Welche Gedanken, Gefühle und Körperempfindungen bemerkte ich?
Welche automatischen Reaktionen folgten?
Auslöser identifizieren:

Was war der spezifische Trigger für meine Reaktion?
War es ein externer Reiz, ein Gedanke, eine Körperempfindung oder eine Kombination?
Gab es begleitende Faktoren (Müdigkeit, Hunger, Stress), die meine Reaktivität erhöhten?
Muster erkennen:

Habe ich dieses Muster schon früher erlebt?
Gibt es Gemeinsamkeiten mit anderen Rückfallsituationen?
Welche tieferen Themen oder Bedürfnisse könnten dahinter stehen?
Lernchance identifizieren:

Was kann ich aus dieser Erfahrung lernen?

Welche frühen Warnsignale könnte ich in Zukunft beachten?

Wie könnte ich in einer ähnlichen Situation anders reagieren?

Würdigung des Wachstums:

Wie hat sich meine Reaktion von früheren ähnlichen Situationen unterschieden?

Wie schnell habe ich den Rückfall bemerkt?

Welche Ressourcen oder Werkzeuge konnte ich aktivieren?

Nächste Schritte:

Welche konkrete, kleine Aktion kann ich unternehmen, um aus dieser Erfahrung zu lernen?

Welche Unterstützung könnte ich brauchen?

Wie kann ich mich auf ähnliche Situationen in Zukunft besser vorbereiten?

Diese Reflexion transformiert einen Rückfall von einem „Fehler" in eine wertvolle Lernchance. Sie hilft dir, Muster zu erkennen, Vorhersagen für zukünftige Herausforderungen zu treffen und konkrete Strategien zu entwickeln.

Der „Kein zweiter Pfeil"-Ansatz
Ein hilfreiches Konzept aus der buddhistischen Psychologie ist die Idee der „zwei Pfeile". Der erste Pfeil ist der unvermeidliche Schmerz des Lebens – in diesem Fall der Rückfall selbst. Der zweite Pfeil ist der zusätzliche

Schmerz, den wir uns selbst durch unsere Reaktion auf den ersten Pfeil zufügen – die Selbstverurteilung, Scham oder Verzweiflung über den Rückfall.

Die Praxis des „Kein zweiter Pfeil"-Ansatzes beinhaltet:

Anerkennung des ersten Pfeils: „Ja, ich bin in ein altes Muster zurückgefallen. Das ist schmerzhaft und enttäuschend."

Bewusste Entscheidung gegen den zweiten Pfeil: „Ich werde mir nicht zusätzliches Leid durch Selbstverurteilung oder Verzweiflung zufügen."

Mitfühlende Akzeptanz: „Dies ist ein normaler Teil des Lernprozesses. Ich akzeptiere diese Erfahrung als Teil meines Weges."

Konstruktive Orientierung: „Was kann ich jetzt tun, um zu lernen und zu wachsen, ohne mich selbst zu quälen?"

Diese Haltung reduziert das zusätzliche emotionale Leiden, das Rückfälle oft begleitet, und ermöglicht einen klareren, konstruktiveren Umgang mit ihnen.

Der „Zurück-auf-Kurs"-Plan
Nach der Reflexion ist der nächste Schritt die konkrete Planung, wie du zurück zu deinem bewussteren Pfad findest und ähnliche Situationen in Zukunft meistern kannst.

Übung: Entwicklung eines „Zurück-auf-Kurs"-Plans
Diese Übung hilft dir, einen konkreten Aktionsplan zu entwickeln:

Unmittelbare Kurskorrektur:

Welche konkrete Handlung kann ich JETZT unternehmen, um zur Präsenz und Bewusstheit zurückzukehren?
Welche Technik aus meinem Toolkit (Achtsamkeit, kognitive Umstrukturierung, Körperarbeit) wäre jetzt am hilfreichsten?
Wie kann ich den Spalt zwischen Reiz und Reaktion in diesem Moment wiederentdecken?
Auffrischung der Grundlagen:

Welche grundlegende Praxis könnte ich in den nächsten Tagen verstärken?
Brauche ich mehr Achtsamkeitsmeditation, kognitive Übungen oder körperliche Regulation?
Gibt es ein Kapitel dieses Buches oder eine Übung, die ich wiederholen sollte?
Trigger-spezifischer Plan:

Wie kann ich mich auf diesen spezifischen Trigger in Zukunft vorbereiten?
Welche alternativen Reaktionen kann ich vorher visualisieren und üben?

Wie kann ich frühe Warnsignale besser erkennen?
Unterstützungssystem aktivieren:

Wer könnte mich in diesem Prozess unterstützen?
Welche Art von Unterstützung brauche ich? (Zuhören, Feedback, Ermutigung, Accountability)
Wie und wann werde ich diese Unterstützung suchen?
Kleine, konkrete Schritte:

Was ist EIN kleiner Schritt, den ich heute unternehmen kann?
Was ist EIN kleiner Schritt für morgen?
Wie kann ich diese Schritte so einfach machen, dass sie fast unmöglich zu vermeiden sind?
Vorausplanung für Herausforderungen:

Welche Hindernisse könnten meinem Plan im Weg stehen?
Wie könnte ich mit diesen Hindernissen umgehen?
Was ist mein „Plan B", wenn die ersten Versuche nicht funktionieren?
Der „Zurück-auf-Kurs"-Plan sollte spezifisch, realistisch und handlungsorientiert sein. Er sollte nicht als strenge Selbstdisziplinierung konzipiert sein, sondern als unterstützender Rahmen, der dir hilft, wieder Zugang zu deiner inneren Souveränität zu finden.

Implementation Intentions: Das „Wenn-Dann"-Format

Ein besonders wirksames Format für den „Zurück-auf-Kurs"-Plan sind „Implementation Intentions" – konkrete Wenn-Dann-Pläne, die automatische Reaktionen auf spezifische Trigger vorprogrammieren.

Forschung von Peter Gollwitzer zeigt, dass Menschen, die Implementation Intentions nutzen, deutlich erfolgreicher darin sind, neue Gewohnheiten zu etablieren und alte zu überwinden, als diejenigen, die nur allgemeine Absichten formulieren.

Format: „WENN [spezifische Situation] eintritt, DANN werde ich [spezifische Handlung] ausführen."

Beispiele:

„WENN ich spüre, wie mein Gesicht heiß wird während eines Gesprächs, DANN werde ich zwei langsame Atemzüge nehmen, bevor ich antworte."

„WENN ich bemerke, dass ich in Katastrophendenken verfalle, DANN werde ich die 4 Fragen der kognitiven Umstrukturierung anwenden."

„WENN ich mich nach einem Rückfall selbstkritisch fühle, DANN werde ich die Selbstmitgefühl-Pause durchführen."

Diese Wenn-Dann-Pläne wirken, indem sie:

Die Erkennung von Triggern verbessern
Die Entscheidungslatenz reduzieren

Bewusste Reaktionen teilweise automatisieren
Den kognitiven Aufwand in Stresssituationen minimieren
Integration mehrerer Implementation Intentions in deinen „Zurück-auf-Kurs"-Plan kann die Effektivität erheblich steigern und die Wahrscheinlichkeit zukünftiger Rückfälle reduzieren.

Fallbeispiel: Julia, die nach Rückschlägen stärker zurückkommt
Julia, eine 42-jährige Marketingmanagerin und Mutter von zwei Teenagern, arbeitete daran, ihre Tendenz zu übermäßiger Kontrolle und emotionalen Ausbrüchen zu überwinden. Nachdem sie mehrere Monate intensiv an der Erweiterung ihres Spalts zwischen Reiz und Reaktion gearbeitet hatte, erlebte sie einen signifikanten Rückfall während einer stressigen Arbeitsperiode.

In einem wichtigen Meeting kritisierte ihr Chef einen Teil ihrer Präsentation öffentlich. Trotz ihrer monatelangen Übung in Achtsamkeit und kognitiver Umstrukturierung fand sie sich in einer altbekannten emotionalen Überreaktion wieder – ihr Gesicht wurde heiß, ihre Stimme zitterte, und sie verteidigte sich in einem aggressiven Ton. Nach dem Meeting fühlte sie sich beschämt und entmutigt: „All diese Arbeit war umsonst. Ich werde mich nie ändern."

Julias Anwendung der Selbstmitgefühl-Pause
Statt wie früher in Selbstkritik zu versinken, erinnerte sich Julia an die Selbstmitgefühl-Pause. Sie ging für einige

Minuten auf die Toilette, atmete tief durch und legte eine Hand auf ihr Herz.

Sie sagte zu sich selbst: „Das war wirklich schwierig. Es ist verständlich, dass ich so reagiert habe – ich war unter extremem Stress, hatte wenig geschlafen und fühlte mich besonders verletzlich wegen des Projekts, in das ich so viel investiert habe. Rückfälle sind ein normaler Teil des Lernprozesses. Ich bin nicht die Einzige, die so etwas erlebt."

Dieser Moment des Selbstmitgefühls unterbrach die typische Abwärtsspirale aus Scham und Selbstkritik, die früher zu wochenlanger Grübelei geführt hätte.

Julias Nach-Rückfall-Reflexion
Am Abend nahm sich Julia Zeit für eine tiefere Reflexion. Sie schrieb in ihr Tagebuch:

Was geschah: „Während des Meetings kritisierte Tom die Zahlen in meiner Präsentation vor dem ganzen Team. Ich spürte sofort Hitze in meinem Gesicht aufsteigen, mein Atem wurde flach, und ich unterbrach ihn, um mich zu verteidigen. Meine Stimme war lauter als beabsichtigt, und ich merkte, wie alle im Raum angespannt wurden."

Auslöser identifizieren: „Der unmittelbare Trigger war die öffentliche Kritik. Verschlimmert wurde es durch:

Schlafmangel (nur 5 Stunden letzte Nacht)
Vorbestehender Stress wegen des Projektdeadlines
Mein perfektionistisches Selbstbild, das durch die Kritik bedroht wurde"
Muster erkennen: „Dies ist ein bekanntes Muster – ich reagiere besonders empfindlich auf öffentliche Kritik, besonders wenn sie von Autoritätsfiguren kommt. Es aktiviert meine frühe Erfahrung, vor der Klasse kritisiert zu werden, und meine Kernüberzeugung ‚Ich muss perfekt sein, um akzeptiert zu werden.'"

Lernchance: „Ich bemerke, dass ich den Rückfall viel schneller erkannt habe als früher. Innerhalb von Minuten nach dem Meeting war mir klar, was passiert war – früher hätte es Tage gedauert. Auch habe ich bemerkt, dass meine anfänglichen körperlichen Signale (Gesichtshitze, flacher Atem) Frühwarnsignale waren, die ich in Zukunft nutzen kann."

Würdigung des Wachstums: „Trotz des Rückfalls habe ich mich schnell wieder gefangen. Ich habe nicht stundenlang gegrübelt oder den Vorfall überdramatisiert. Ich konnte Selbstmitgefühl üben, statt in Selbsthass zu versinken. Das ist enormer Fortschritt!"

Julias „Zurück-auf-Kurs"-Plan
Basierend auf ihrer Reflexion entwickelte Julia einen konkreten Plan:

Unmittelbare Kurskorrektur: „Ich werde Tom morgen unter vier Augen ansprechen, mich für meinen Ton entschuldigen und das Thema sachlich besprechen."

Auffrischung der Grundlagen: „Ich werde diese Woche täglich 10 Minuten Atemmeditation praktizieren, um meine Grundregulation zu stärken."

Trigger-spezifischer Plan: „Für Meetings entwickle ich folgende Wenn-Dann-Pläne:

WENN ich Hitze in meinem Gesicht spüre, DANN werde ich zweimal tief in den Bauch atmen, bevor ich antworte. WENN ich kritisiert werde, DANN werde ich zunächst zuhören und paraphrasieren, bevor ich antworte."
Unterstützungssystem: „Ich werde meine Freundin Sarah bitten, mein Accountability-Partner zu sein, und ihr wöchentlich berichten, wie es mit meiner emotionalen Regulation läuft."

Kleine Schritte: „Heute Abend werde ich 10 Minuten meditieren. Morgen werde ich vor dem ersten Meeting meine Wenn-Dann-Pläne visualisieren."

Vorausplanung: „Mögliche Hindernisse sind mein voller Zeitplan und die anhaltende Projektstress-Phase. Ich werde meine Meditation in meinen Morgenkalender eintragen und einen Timer stellen."

Julias langfristige Transformation

Sechs Monate später reflektierte Julia über diesen Rückfall und erkannte ihn als entscheidenden Wendepunkt in ihrer Entwicklung:

„Dieser Rückfall war tatsächlich ein Geschenk. Er zeigte mir, wo ich noch verletzlich war, und half mir, gezieltere Strategien zu entwickeln. Vor allem lehrte er mich, mit Selbstmitgefühl auf Rückschläge zu reagieren, statt mit Selbstkritik, was mein gesamtes Leben verändert hat.

Ich sehe jetzt deutlich, dass Fortschritt nicht linear verläuft. Ich habe immer noch Momente, in denen ich in alte Muster zurückfalle, aber sie sind seltener, weniger intensiv, und ich finde schneller zurück in meine Mitte. Diese Rückfälle sind jetzt wichtige Lernchancen auf meinem Weg, keine Beweise für mein Versagen.

Am wichtigsten ist: Ich habe eine neue Beziehung zu mir selbst entwickelt. Ich sehe meine Bemühungen mit mehr Mitgefühl und weniger Perfektionismus. Paradoxerweise hat diese freundlichere Haltung zu konsequenterem Fortschritt geführt als meine frühere strenge Selbstkritik."

Julias Geschichte illustriert, wie Rückfälle zu Sprungbrettern für tieferes Wachstum werden können, wenn wir ihnen mit Bewusstheit, Selbstmitgefühl und strukturierter Reflexion begegnen.

Rückfälle in einem breiteren Kontext verstehen

Um Rückfälle vollständig zu verstehen und zu nutzen, ist es hilfreich, sie in einem breiteren Kontext zu betrachten – als natürliche Elemente langfristiger persönlicher Transformation.

Das Konzept der „fruchtbaren Fehler"

In vielen künstlerischen und handwerklichen Traditionen gibt es das Konzept des „fruchtbaren Fehlers" – einer scheinbaren Abweichung oder eines Misserfolgs, der sich letztendlich als entscheidend für Innovation und tieferes Lernen erweist.

Die japanische Ästhetik des Wabi-Sabi würdigt das Unvollkommene und Unvollständige. In der Kintsugi-Kunst werden zerbrochene Keramikstücke mit Goldlack repariert, wodurch die Bruchstellen nicht verborgen, sondern hervorgehoben werden – als wertvolle Teile der Geschichte des Objekts.

In ähnlicher Weise können wir unsere Rückfälle als „goldene Bruchlinien" betrachten – nicht als Makel, die versteckt werden müssen, sondern als wertvolle Aspekte unserer Entwicklungsgeschichte, die uns Weisheit, Tiefe und echte Stärke verleihen.

Transformation versus Perfektion

Ein grundlegender Perspektivwechsel ist nötig, um Rückfälle konstruktiv zu nutzen: der Wechsel vom Ziel der Perfektion zum Ziel der Transformation.

Perfektionsstreben:

Fokus auf fehlerfreie Leistung
Binäres Denken (Erfolg oder Versagen)
Vermeidung von Schwächen und Fehlern
Statisches Selbstbild
Rückfälle als Beweise für Unzulänglichkeit
Transformationsstreben:

Fokus auf kontinuierliches Lernen und Wachstum
Spektrum-Denken (Grade des Fortschritts)
Integration von Schwächen und Fehlern
Dynamisches Selbstbild
Rückfälle als notwendige Lernchancen
Diese Perspektivverschiebung ist nicht nur philosophisch, sondern hat direkte praktische Auswirkungen auf unsere Fähigkeit, nach Rückfällen wieder aufzustehen und weiterzuwachsen.

Reflexionsfragen
Bevor wir dieses Kapitel abschließen, nimm dir einen Moment Zeit, um über folgende Fragen nachzudenken:

Wie hast du in der Vergangenheit typischerweise auf Rückfälle oder Rückschritte in deiner persönlichen Entwicklung reagiert?

Welche Erkenntnisse aus diesem Kapitel könnten dir helfen, konstruktiver mit zukünftigen Rückfällen umzugehen?

Welche Muster kannst du in deinen eigenen Rückfällen erkennen? Gibt es bestimmte Trigger oder Situationen, die besonders herausfordernd sind?

Wie könntest du Selbstmitgefühl in deine tägliche Praxis integrieren, nicht nur als Reaktion auf Rückfälle?

Wenn du einen Rückfall als Lernchance betrachten würdest, welche Einsichten könntest du aus deinem letzten Rückfall gewinnen?

Zusammenfassung
In diesem Kapitel haben wir Rückfälle als natürliche, unvermeidliche und sogar wertvolle Teile des persönlichen Wachstumsprozesses erkundet:

Die Spirale des Wachstums ist ein realistischeres Modell für persönliche Entwicklung als linearer Fortschritt – wir kommen immer wieder an ähnlichen Punkten vorbei, aber idealerweise auf einer höheren Ebene.

Rückfälle sind aus neurobiologischer und evolutionärer Sicht normal und zu erwarten, besonders unter bestimmten Bedingungen wie Stress, Müdigkeit oder starker emotionaler Belastung.

Die Selbstmitgefühl-Pause bietet eine wirksame erste Reaktion auf Rückfälle, die den Teufelskreis aus Selbstkritik und Scham durchbricht und Raum für konstruktives Lernen schafft.

Nach-Rückfall-Reflexionsfragen helfen uns, tiefere Muster zu erkennen und wertvolle Einsichten aus unseren Rückfällen zu gewinnen.

Der „Zurück-auf-Kurs"-Plan, besonders im Format von Implementation Intentions, bietet konkrete Schritte für die Rückkehr zu bewussteren Reaktionsmustern und die Vorbereitung auf zukünftige Herausforderungen.

Julia's Geschichte illustriert, wie Rückfälle zu Katalysatoren für tiefere Transformation werden können, wenn wir ihnen mit Selbstmitgefühl, Reflexion und konkreten Plänen begegnen.

Die Konzepte der „fruchtbaren Fehler" und der Transformation versus Perfektion bieten einen breiteren Kontext, in dem wir Rückfälle als wertvolle Aspekte unserer Entwicklungsreise verstehen können.

Die Fähigkeit, Rückfälle konstruktiv zu nutzen, ist vielleicht eine der wertvollsten Kompetenzen auf dem Weg zur inneren Souveränität. Wenn wir lernen, unsere Rückfälle nicht als Beweise für unser Versagen, sondern als Gelegenheiten für tieferes Lernen und authentischeres Wachstum zu betrachten, transformieren wir nicht nur unsere Beziehung zu unseren Fehlern, sondern zu unserem gesamten Selbst.

Im nächsten Kapitel werden wir erkunden, wie wir über die Bewältigung akuter Herausforderungen hinausgehen und tiefere persönliche Transformation erleben können – eine Transformation, die nicht nur unsere Reaktionen verändert, sondern auch unser grundlegendes Verständnis von uns selbst und der Welt

Tiefere Transformation

„Der Spalt zwischen Reiz und Reaktion ist nicht nur ein Raum der Freiheit, sondern ein Portal zu tieferer Selbsterkenntnis."
— Richard C. Schwartz

In den bisherigen Kapiteln haben wir uns hauptsächlich mit Techniken und Praktiken beschäftigt, die dir helfen, den Spalt zwischen Reiz und Reaktion zu erweitern und bewusster zu nutzen. Diese Werkzeuge sind unschätzbar wertvoll für die Bewältigung des täglichen Lebens und die schrittweise Transformation deiner Reaktionsmuster.

Doch es gibt eine tiefere Ebene der Transformation, die über das bloße Management von Reaktionen hinausgeht – eine Ebene, auf der fundamentale Veränderungen in deinem Selbstverständnis, deiner Beziehung zu schmerzhaften Erfahrungen und deiner grundlegenden Haltung zum Leben stattfinden können.

In diesem Kapitel erforschen wir, wie der kultivierte Spalt zwischen Reiz und Reaktion ein Eingangstor zu tieferer persönlicher Transformation werden kann. Wir tauchen ein in fortgeschrittene psychologische Ansätze, insbesondere das Internal Family Systems Modell, traumasensible Perspektiven und die Möglichkeiten von post-traumatischem Wachstum. Dabei werden wir auch die Grenzen der Selbsthilfe respektvoll anerkennen und besprechen, wann professionelle Unterstützung wichtig ist.

Internal Family Systems: Innere Anteile kennenlernen und versöhnen
Das Internal Family Systems Modell (IFS), entwickelt vom Psychologen Richard C. Schwartz, bietet einen kraftvollen Rahmen, um die tieferen Schichten unserer automatischen Reaktionen zu verstehen und zu transformieren. Es basiert auf der Erkenntnis, dass unser inneres Erleben nicht monolithisch ist, sondern aus verschiedenen

„Anteilen" oder „Teilpersönlichkeiten" besteht, die jeweils eigene Gefühle, Überzeugungen und Agenden haben.

Die drei Arten von inneren Anteilen
Das IFS-Modell identifiziert drei Hauptkategorien von inneren Anteilen:

1. Exiles (Verbannte):

Junge, verletzliche Anteile, die schmerzhafte Emotionen wie Angst, Trauer, Scham oder Verlassenheit tragen
Oft in der Kindheit entstanden durch verletzende oder überwältigende Erfahrungen
Werden vom System „weggesperrt", um das tägliche Funktionieren zu ermöglichen
Versuchen manchmal, Aufmerksamkeit zu erlangen, indem sie uns mit intensiven Emotionen überfluten
2. Managers (Manager):

Proaktive, kontrollierende Anteile, die das System vor Schmerz und Verletzlichkeit schützen
Versuchen, Situationen zu kontrollieren, in denen Verbannte aktiviert werden könnten
Manifestieren sich als Perfektionismus, übermäßige Verantwortung, Kritik, Kontrolle, Rückzug oder andere präventive Strategien
Oft die Quelle starrer Regeln und Überzeugungen
3. Firefighters (Feuerwehrleute):

Reaktive Anteile, die aktiviert werden, wenn Verbannte dennoch durchbrechen und Schmerz verursachen

Versuchen, schmerzhafte Emotionen schnell zu unterdrücken oder abzulenken

Manifestieren sich als impulsives Verhalten, Sucht, Wutausbrüche, Dissoziation, exzessives Essen, zwanghaftes Arbeiten etc.

Handeln oft verzweifelt und mit wenig Rücksicht auf langfristige Konsequenzen

Das Selbst und seine Qualitäten

Neben diesen Anteilen postuliert das IFS-Modell die Existenz eines „Selbst" – jenes Kern-Bewusstseins, das von den Anteilen unterschieden und in der Lage ist, sie zu führen und zu heilen. Das Selbst ist charakterisiert durch die „8 Cs":

Calm (Ruhe)

Curiosity (Neugier)

Compassion (Mitgefühl)

Confidence (Selbstvertrauen)

Courage (Mut)

Clarity (Klarheit)

Creativity (Kreativität)

Connectedness (Verbundenheit)

Diese Qualitäten des Selbst entsprechen in bemerkenswerter Weise dem erweiterten Spalt zwischen Reiz und Reaktion, den wir in diesem Buch kultivieren. Der Spalt ermöglicht uns Zugang zu genau diesen Qualitäten – ein

Raum der Ruhe, Neugier, des Mitgefühls und der klaren Sicht.

Übung: Innere Anteile kennenlernen und versöhnen
Diese Übung bietet einen Einstieg in die Arbeit mit inneren Anteilen. Für tiefere Arbeit, besonders mit stark belastenden Themen, ist professionelle Begleitung empfehlenswert.

Anleitung:

Vorbereitung:

Schaffe eine ruhige Umgebung ohne Störungen
Nimm eine bequeme Position ein
Beginne mit einigen tiefen Atemzügen, um im gegenwärtigen Moment anzukommen
Erinnere dich an die Qualitäten des Selbst – Ruhe, Neugier, Mitgefühl
Einen reaktiven Anteil identifizieren:

Denke an eine wiederkehrende automatische Reaktion, die du gerne verstehen würdest
Spüre in deinen Körper und bemerke, wo du physische Empfindungen wahrnimmst, die mit dieser Reaktion verbunden sind
Richte deine Aufmerksamkeit auf diesen Körperbereich mit Neugier und ohne Urteil
Mit dem Anteil in Beziehung treten:

Frage innerlich, welcher Teil von dir bei dieser Reaktion aktiv wird

Erlaube ein Bild, eine Empfindung oder ein Gefühl zu entstehen, das diesen Teil repräsentiert

Grüße diesen Teil respektvoll: „Ich sehe dich" oder „Ich nehme dich wahr"

Mit Neugier erkundigen:

Frage diesen Teil: „Was ist deine Rolle in meinem Leben? Was versuchst du für mich zu tun?"

Lausche ohne Urteil auf die Antwort, die als Gedanke, Gefühl oder Bild kommen kann

Frage weiter: „Wovor versuchst du mich zu beschützen? Was befürchtest du könnte passieren, wenn du deinen Job nicht tun würdest?"

Würdigung und Verständnis:

Danke diesem Teil für seine schützende Absicht

Erkenne an, wie lange dieser Teil schon für dich arbeitet

Verstehe, dass dieser Teil – selbst wenn seine Methoden problematisch sind – eine positive Intention für dich hat

Beziehung zum verbannten Anteil:

Frage den schützenden Teil sanft, ob er dir erlauben würde, den verletzlichen Teil kennenzulernen, den er beschützt

Falls Widerstand auftaucht, respektiere diesen und versichere dem schützenden Teil, dass du behutsam sein wirst

Wenn Bereitschaft besteht, richte deine Aufmerksamkeit auf den verbannten Teil
Heilung anbieten:

Spüre die Qualitäten deines Selbst – besonders Mitgefühl und Präsenz
Frage den verbannten Teil, was er braucht und was er von dir hören muss
Biete diesem Teil das an, was er braucht – Verständnis, Sicherheit, Wertschätzung, Mitgefühl
Integration:

Frage alle beteiligten Anteile, wie sie sich eine neue, gesündere Zusammenarbeit vorstellen können
Bitte den schützenden Teil um seine Zustimmung zu einer neuen Rolle, in der er weniger extreme Maßnahmen ergreifen muss
Versichere allen Teilen, dass du sie weiterhin wahrnehmen und für sie da sein wirst
Abschluss:

Danke allen Anteilen für ihre Offenheit und Mitarbeit
Kehre sanft zur normalen Wahrnehmung zurück
Notiere deine Erkenntnisse aus dieser Übung
Diese Übung kann tiefe Einsichten in die Dynamik deiner automatischen Reaktionen bieten. Sie zeigt, dass hinter den scheinbar dysfunktionalen Reaktionen oft verständliche Schutzmechanismen stehen, die aus früheren Erfahrungen stammen.

Fallbeispiel: Marc und die Teilearbeit

Marc, ein 38-jähriger Lehrer, hatte seit Jahren mit plötzlichen Wutausbrüchen zu kämpfen, besonders wenn er sich missverstanden oder unfair behandelt fühlte. Trotz seiner Bemühungen mit Achtsamkeit und kognitiver Umstrukturierung kehrten diese Ausbrüche in bestimmten Situationen immer wieder zurück.

In der Teilearbeit entdeckte Marc, dass sein „Wütender" ein Feuerwehrmann-Anteil war, der aktiviert wurde, wenn ein tieferer, verbannter Teil – ein junger, verletzbarer Marc – sich bedroht fühlte. Der „Wütende" hatte die Aufgabe, durch Einschüchterung und Aggression potenzielle Verletzungen abzuwehren und schnell Distanz zu schaffen.

Als Marc weiter erkundete, entdeckte er, dass dieser Schutzmechanismus auf seine Erfahrungen als 8-jähriger zurückging, als er in der Schule gemobbt wurde und sich hilflos und gedemütigt fühlte. Der „Wütende" hatte sich damals entwickelt, um ihn vor ähnlichen Verletzungen zu schützen.

Marc lernte, seinen „Wütenden" nicht als Feind zu betrachten, sondern als einen überzeugten Beschützer, der seine Methoden unter extremen Umständen gelernt hatte. Er begann, diesen Teil anzuerkennen: „Ich sehe, dass du versuchst, mich zu beschützen. Danke für deine langjährige Arbeit."

Gleichzeitig konnte Marc in einem sicheren Rahmen Kontakt zu seinem jungen, verletzlichen Teil aufnehmen und ihm vermitteln, dass er als erwachsener Marc jetzt andere Ressourcen und Fähigkeiten hatte, um sich zu schützen. Er konnte diesem Teil die Sicherheit und Anerkennung geben, die er damals gebraucht hätte.

Nach mehreren Monaten dieser inneren Arbeit bemerkte Marc, dass seine Wutreaktionen nicht verschwanden, aber veränderten sich:

Er konnte die aufkommende Wut früher wahrnehmen
Er verstand ihre Schutzfunktion und konnte sie würdigen
Er hatte mehr Wahlmöglichkeiten im Umgang mit der Energie
Er konnte dem verletzlichen Teil direkt Sicherheit geben, ohne dass der „Wütende" so drastisch eingreifen musste
Marc beschrieb diese Transformation als grundlegend anders als seine früheren Versuche, seine Wut zu kontrollieren: „Früher habe ich gegen meine Wut gekämpft und mich dafür verurteilt. Jetzt verstehe ich, dass sie mich schützen will. Ich kann die Energie der Wut nutzen, um klare Grenzen zu setzen, ohne explosiv zu werden. Und ich kann direkt für meinen verletzlichen Teil da sein, der eigentlich nur Sicherheit und Respekt braucht."

Diese tiefere Perspektive ermöglichte Marc, nicht nur seine Reaktionen zu modifizieren, sondern die grundlegende innere Dynamik zu transformieren, die zu diesen Reaktionen führte.

Traumasensible Ansätze: Mit schwierigen Erfahrungen arbeiten

Viele unserer automatischen Reaktionsmuster wurzeln in vergangenen schwierigen oder traumatischen Erfahrungen. Eine traumasensible Perspektive kann helfen, diese Muster mit mehr Verständnis und Wirksamkeit zu transformieren.

Was ist Trauma?

Trauma ist nicht nur auf offensichtlich katastrophale Ereignisse beschränkt, sondern umfasst jede Erfahrung, die unsere Bewältigungsfähigkeit überfordert und nicht vollständig verarbeitet wird. Psychologen unterscheiden zwischen:

Schock-Trauma: Einmalige, intensive Ereignisse wie Unfälle, Gewalt oder Naturkatastrophen
Entwicklungstrauma: Anhaltende belastende Erfahrungen während der Entwicklung, wie emotionale Vernachlässigung, inkonsistente Betreuung oder chronischer Stress
Komplexes Trauma: Wiederholte traumatische Erfahrungen, oft in Beziehungen und über längere Zeiträume
Auch weniger offensichtliche Erfahrungen können traumatische Wirkungen haben, besonders wenn sie in

vulnerablen Entwicklungsphasen oder in einem Kontext mangelnder Unterstützung stattfinden.

Trauma und der Spalt zwischen Reiz und Reaktion

Trauma hat spezifische Auswirkungen auf unsere Fähigkeit, den Spalt zwischen Reiz und Reaktion zu nutzen:

Trigger und Flashbacks: Traumatische Erinnerungen werden oft implizit (unbewusst) gespeichert und können durch Trigger – Reize, die an das ursprüngliche Trauma erinnern – blitzschnell aktiviert werden, wobei der präfrontale Kortex teilweise umgangen wird.

Eingeengte Toleranzfenster: Traumaerfahrungen können das „Fenster der Toleranz" verengen, sodass wir schneller in Über- oder Untererregung geraten und weniger Zugang zum Spalt haben.

Dissoziative Reaktionen: Als Schutzmechanismus kann der Geist bei überwältigenden Erfahrungen dissoziieren – ein Zustand der Abspaltung, in dem der bewusste Zugang zu Gedanken, Gefühlen oder Körperempfindungen eingeschränkt ist.

Körperliche Speicherung: Trauma wird nicht nur mental, sondern auch körperlich gespeichert („der Körper erinnert sich"), was erklären kann, warum manche Reaktionsmuster rein kognitiven Interventionen widerstehen.

Übung: Ressourcen-Installation
Die folgende Übung basiert auf traumasensiblen Ansätzen und hilft, innere Ressourcen zu stärken, die den Spalt zwischen Reiz und Reaktion auch in triggernden Situationen zugänglicher machen. Sie ist für leichte bis moderate Belastungen geeignet; bei schweren Traumafolgen sollte sie mit professioneller Begleitung durchgeführt werden.

Anleitung:

Sichere Ausgangsbasis:

Wähle einen Ort, an dem du dich sicher und wohl fühlst
Stelle sicher, dass du ungestört bist und genügend Zeit hast
Beginne mit einigen tiefen Atemzügen, um im Hier und Jetzt anzukommen
Ressource identifizieren:

Denke an eine innere Stärke oder Ressource, die du bereits besitzt (z.B. Ruhe, Mut, Mitgefühl, Klarheit)
Alternativ kannst du an eine unterstützende Person, einen sicheren Ort oder ein beruhigendes Symbol denken
Wähle etwas, das authentisch für dich ist und positive Gefühle auslöst
Ressource aktivieren:

Erinnere dich an eine konkrete Situation, in der du diese Ressource erlebt hast

Mache diese Erinnerung so lebendig wie möglich: Was hast du gesehen, gehört, gefühlt?

Bemerke, wie sich diese Ressource in deinem Körper anfühlt – wo spürst du sie? Welche Qualität hat die Empfindung?

Ressource verankern:

Während du die Ressource spürst, füge eine sanfte physische Geste hinzu (z.b. eine Hand aufs Herz legen, Daumen und Finger zusammenbringen)

Diese Geste wird zum „Anker", der die Ressource später schnell aktivieren kann

Atme tief in die körperliche Empfindung der Ressource ein und verstärke sie mit jedem Atemzug

Pendeln üben:

Denke kurz (2-3 Sekunden) an eine leicht belastende Situation

Kehre sofort mit deiner Aufmerksamkeit und deinem Anker zur Ressource zurück

Spüre, wie die Ressource dich stabilisiert

Wiederhole dieses sanfte „Pendeln" zwischen leichter Belastung und Ressource 3-5 Mal

Ressource im Alltag nutzen:

Übe mehrmals täglich, die Ressource mit deinem Anker zu aktivieren

Wende die Ressource bei ersten Anzeichen von Stress oder Triggern an

Baue schrittweise deine Fähigkeit auf, die Ressource auch in herausfordernderen Situationen zu nutzen

Diese Übung stärkt die neuroplastische Verbindung zwischen der Ressource und potenziell belastenden Situationen. Mit regelmäßiger Übung kann die Ressource automatischer zugänglich werden, selbst wenn du getriggert wirst, was den Spalt zwischen Reiz und Reaktion erweitert.

Die Titration: Schrittweise mit Belastungen arbeiten

Ein grundlegendes Prinzip traumasensibler Arbeit ist die „Titration" – die schrittweise, dosierte Auseinandersetzung mit belastendem Material, immer im Wechsel mit Ressourcenaktivierung. Dieses Prinzip kann auf die Arbeit mit dem Spalt zwischen Reiz und Reaktion angewendet werden:

Beginne mit leichten Triggern: Übe den Spalt zunächst mit leichten, gut handhabbaren Triggern, nicht mit den intensivsten.

Respektiere dein Toleranzfenster: Arbeite innerhalb deines aktuellen „Fensters der Toleranz" – dort, wo du herausgefordert, aber nicht überwältigt bist.

Pendeln zwischen Aktivierung und Ressource: Wechsle bewusst zwischen der Auseinandersetzung mit Triggern und der Aktivierung von Ressourcen und Stabilität.

Schrittweise Fortschritte: Erweitere allmählich deine Kapazität, indem du langsam zu anspruchsvolleren Triggern übergehst, immer mit ausreichender Ressourcenverankerung.

Selbstregulation vor Exposition: Stärke deine Selbstregulationsfähigkeiten, bevor du dich intensiveren Triggern aussetzt.

Dieser behutsame, schrittweise Ansatz respektiert die neurobiologischen Realitäten von Trauma und Triggern und ermöglicht nachhaltigere Transformation als ein forcierteres Vorgehen.

Post-traumatisches Wachstum: Bedeutung in schwierigen Erfahrungen finden
Während Trauma und schwierige Erfahrungen erhebliches Leid verursachen können, beobachten Psychologen auch ein faszinierendes Phänomen: Viele Menschen berichten nach der Bewältigung von Krisen nicht nur von einer Rückkehr zum vorherigen Funktionsniveau, sondern von einem tiefgreifenden positiven Wandel – dem sogenannten post-traumatischen Wachstum.

Die fünf Dimensionen post-traumatischen Wachstums
Forscher wie Richard Tedeschi und Lawrence Calhoun haben fünf Hauptbereiche identifiziert, in denen post-traumatisches Wachstum stattfinden kann:

Neue Möglichkeiten entdecken: Das Erkennen neuer Pfade, Interessen und Möglichkeiten, die vorher nicht in Betracht gezogen wurden.

Vertiefung von Beziehungen: Eine neue Wertschätzung für Beziehungen, größere Verbundenheit und Offenheit gegenüber anderen Menschen.

Erfahrung persönlicher Stärke: Die Erkenntnis „Wenn ich das überstanden habe, kann ich fast alles bewältigen" – ein gestärktes Selbstvertrauen und Bewusstsein der eigenen Ressourcen.

Spirituelle Veränderung: Vertiefte existenzielle oder spirituelle Einsichten, ein erweitertes Verständnis von Sinn und Zweck.

Wertschätzung des Lebens: Eine verstärkte Dankbarkeit für das Leben selbst, veränderte Prioritäten und tiefere Wertschätzung alltäglicher Momente.

Es ist wichtig zu betonen, dass post-traumatisches Wachstum nicht bedeutet, dass das Trauma „gut" war oder dass das erlebte Leid gerechtfertigt ist. Vielmehr handelt es sich um eine bemerkenswerte menschliche Fähigkeit, auch aus schmerzhaften Erfahrungen Bedeutung und Transformation zu gewinnen.

Übung: Bedeutungsschaffung nach schwierigen Erfahrungen

Diese Übung unterstützt den Prozess, schwierigen Erfahrungen Bedeutung zu geben und mögliches Wachstum zu erkennen. Sie ist nicht für akute Traumata geeignet, sondern für Erfahrungen, die bereits eine gewisse Verarbeitung und emotionale Distanz erfahren haben.

Anleitung:

Vorbereitung:

Schaffe eine ruhige, sichere Umgebung
Halte ein Journal oder Papier und Stift bereit
Stelle sicher, dass du emotional stabil genug bist, um über die Erfahrung nachzudenken
Reflexion über die Erfahrung:

Denke an eine herausfordernde Erfahrung, die du bereits zu einem gewissen Grad verarbeitet hast
Beschreibe kurz, was geschah, ohne zu sehr in Details zu gehen
Erkenne an, welche Auswirkungen diese Erfahrung auf dich hatte – sowohl die schwierigen als auch die unerwarteten
Erkunden der Wachstumsdimensionen:
Beantworte folgende Fragen schriftlich, ohne dich zu drängen oder zu zwingen, positives zu finden:

Neue Möglichkeiten:

Hat diese Erfahrung neue Türen geöffnet oder neue Wege ermöglicht?
Habe ich neue Interessen, Perspektiven oder Möglichkeiten entdeckt?
Beziehungen:

Wie haben sich meine Beziehungen durch diese Erfahrung verändert?
Habe ich neue Verbindungen geknüpft oder bestehende vertieft?
Hat sich mein Verständnis für andere Menschen verändert?
Persönliche Stärke:

Welche Stärken habe ich in mir entdeckt, die ich vorher nicht kannte?
Wie hat die Bewältigung dieser Erfahrung mein Selbstverständnis verändert?
Was weiß ich jetzt über meine eigene Resilienz?
Spirituelle/existenzielle Veränderung:

Hat sich mein Verständnis von Sinn und Zweck verändert?
Gab es Veränderungen in meinen spirituellen oder philosophischen Überzeugungen?
Habe ich ein tieferes Verständnis für menschliche Erfahrungen entwickelt?

Wertschätzung des Lebens:

Hat sich meine Sicht auf das, was im Leben wichtig ist, verändert? Gibt es Aspekte des Lebens, die ich jetzt mehr zu schätzen weiß? Wie haben sich meine Prioritäten verschoben?

Narrative Integration:

Basierend auf deinen Reflexionen, schreibe eine kurze „Geschichte der Transformation"
Beginne mit der Herausforderung, erkenne die Schwierigkeiten an, und beschreibe dann, wie du gewachsen bist
Fokussiere nicht nur auf das „Happy End", sondern auf den komplexen Prozess der Integration
Weiterführende Fragen:

Was bedeutet diese Erfahrung für mein Leben jetzt?
Wie kann ich das, was ich gelernt habe, in meinem täglichen Leben ausdrücken?
Wie könnte diese Erfahrung mir helfen, anderen in ähnlichen Situationen beizustehen?
Diese Übung ist kein einmaliger Prozess, sondern kann wiederholt werden, wobei sich das Verständnis und die Bedeutung über die Zeit vertiefen können. Sie zielt nicht darauf ab, negative Aspekte der Erfahrung zu leugnen oder zu minimieren, sondern die volle Komplexität der menschlichen Erfahrung zu würdigen.

Die Verbindung zum Spalt zwischen Reiz und Reaktion Post-traumatisches Wachstum und der kultivierte Spalt zwischen Reiz und Reaktion stehen in einer interessanten Wechselbeziehung:

Der Spalt als Voraussetzung: Die Fähigkeit, zwischen Reiz und Reaktion innezuhalten, schafft Raum für die Integration und Bedeutungsfindung, die für post-traumatisches Wachstum zentral ist.

Wachstum erweitert den Spalt: Umgekehrt führt post-traumatisches Wachstum zu einer erweiterten Perspektive und tieferen Ressourcen, die den Spalt zwischen Reiz und Reaktion natürlich vergrößern.

Transformation des Selbst: Sowohl die Kultivierung des Spalts als auch post-traumatisches Wachstum können zu einer fundamentalen Transformation des Selbstverständnisses führen – von einem reaktiven zu einem responsiven Selbst.

Diese gegenseitige Verstärkung erklärt, warum Menschen, die tiefe Krisen bewältigt haben, oft eine bemerkenswerte Fähigkeit entwickeln, auch in emotionalen Situationen präsent und reflektiert zu bleiben – ihr Spalt zwischen Reiz und Reaktion ist durch ihre Erfahrungen und deren Integration erweitert worden.

Grenzen der Selbsthilfe: Wann professionelle Unterstützung wichtig ist

Während Selbsthilfe und eigene Praxis unschätzbar wertvoll sind, ist es wichtig, die Grenzen der Selbsthilfe zu erkennen und zu respektieren. Besonders bei tieferen emotionalen Wunden oder traumatischen Erfahrungen kann professionelle Unterstützung nicht nur hilfreich, sondern notwendig sein.

Anzeichen, dass professionelle Unterstützung sinnvoll sein könnte

Die folgenden Anzeichen können darauf hindeuten, dass professionelle Unterstützung hilfreich wäre:

Überwältigende Emotionen: Die emotionale Intensität ist so stark, dass du dich wiederholt überwältigt fühlst und deine Selbstregulationstechniken nicht ausreichen.

Anhaltende Symptome: Anhaltende Symptome wie Schlafstörungen, Flashbacks, Dissoziationserlebnisse, Panikattacken oder tiefe Depression beeinträchtigen dein Funktionieren.

Selbstschädigendes Verhalten: Gedanken an Selbstverletzung, Suizid oder selbstschädigendes Verhalten sind präsent.

Stagnation: Trotz konsequenter Anwendung der gelernten Techniken bemerkst du über einen längeren Zeitraum keine Verbesserung oder sogar eine Verschlechterung.

Komplexe Traumageschichte: Du hast eine Geschichte von komplexem Trauma, Missbrauch oder vernachlässigender Erziehung, die tiefgreifende Auswirkungen auf dein Leben hat.

Ständiges Grübeln: Du bist in kreisenden Gedanken gefangen und findest keinen Ausweg aus wiederholten Gedankenschleifen.

Beeinträchtigung des Alltags: Deine Symptome oder Reaktionsmuster beeinträchtigen deutlich deine Arbeit, Beziehungen oder alltäglichen Aktivitäten.

Substanzgebrauch zur Bewältigung: Du verlässt dich zunehmend auf Alkohol, Drogen oder andere Substanzen, um mit schwierigen Gefühlen umzugehen.

Diese Anzeichen bedeuten nicht, dass mit dir etwas „falsch" ist, sondern dass du möglicherweise von einem zusätzlichen Unterstützungssystem profitieren könntest, während du deinen eigenen Weg der Transformation fortsetzt.

Arten professioneller Unterstützung

Es gibt verschiedene Formen professioneller Unterstützung, die für unterschiedliche Bedürfnisse geeignet sein können:

Psychotherapie: Eine tiefergehende, regelmäßige therapeutische Beziehung, die auf deine spezifischen Bedürfnisse zugeschnitten ist. Verschiedene Ansätze wie kognitive Verhaltenstherapie, psychodynamische Therapie, EMDR (Eye Movement Desensitization and Reprocessing) oder IFS-Therapie können je nach deinen Bedürfnissen hilfreich sein.

Beratung/Coaching: Weniger intensiv als Therapie, fokussiert auf spezifische Themen, Ziele oder Herausforderungen, oft lösungsorientiert.

Psychiatrische Unterstützung: In einigen Fällen kann eine medikamentöse Unterstützung hilfreich sein, besonders bei Zuständen mit starker biologischer Komponente wie schweren Depressionen oder Angststörungen.

Gruppentherapie/Selbsthilfegruppen: Der Austausch mit anderen, die ähnliche Erfahrungen gemacht haben, kann heilsam und bestärkend sein und ein Gefühl von Gemeinschaft vermitteln.

Spezialisierte Trauma-Therapie: Bei spezifischen Traumafolgestörungen können spezialisierte Ansätze wie Somatic Experiencing, EMDR, Sensorimotor Psychotherapy oder andere traumafokussierte Methoden besonders hilfreich sein.

Integrative Körpertherapien: Ansätze wie Hakomi, Focusing oder andere körperorientierte Psychotherapien können besonders bei körperlich gespeicherten emotionalen Mustern wertvoll sein.

Die Synergie von Selbsthilfe und professioneller Unterstützung

Professionelle Unterstützung und Selbsthilfe schließen sich nicht gegenseitig aus – im Gegenteil, sie können sich kraftvoll ergänzen:

Tiefere Ebenen erreichen: Professionelle Unterstützung kann helfen, tiefere Ebenen zu erreichen und blinde Flecken zu erhellen, die in der Selbsthilfe möglicherweise unzugänglich bleiben.

Sichere Begleitung: Ein professioneller Rahmen bietet Sicherheit für die Exploration besonders herausfordernder Themen.

Spezifisches Feedback: Therapeuten können spezifisches, individualisiertes Feedback geben, das auf deine einzigartige Situation zugeschnitten ist.

Verstärkte Selbsthilfe: Die in der Therapie gewonnenen Einsichten und Werkzeuge können deine eigenständige Praxis vertiefen und bereichern.

Kontinuierliche Integration: Die tägliche Selbsthilfepraxis hilft, therapeutische Einsichten im Alltag zu verankern und zu integrieren.

Die Entscheidung für professionelle Unterstützung ist nicht ein Zeichen von Schwäche oder Versagen, sondern ein Akt der Selbstfürsorge und Weisheit – die Erkenntnis, dass bedeutsames Wachstum oft in Beziehungen stattfindet, auch in der therapeutischen Beziehung.

Die Integration aller Ebenen: Gedanken, Gefühle, Körper und Bedeutung
Die tiefste Transformation des Spalts zwischen Reiz und Reaktion geschieht, wenn alle Ebenen unseres Seins integriert werden – Gedanken, Gefühle, Körper und die Dimension der Bedeutung oder des Sinns.

Die Ebenen der Integration
1. Kognitive Integration:

Das Erkennen und Umstrukturieren verzerrter Gedankenmuster
Die Entwicklung flexiblerer, nuancierterer Denkweisen
Die Fähigkeit, verschiedene Perspektiven einzunehmen

Die Balance zwischen analytischem und intuitivem Denken

2. Emotionale Integration:

Die Fähigkeit, alle Emotionen zu spüren und zu akzeptieren

Die Regulation von emotionaler Intensität ohne Unterdrückung

Die Unterscheidung zwischen primären und sekundären Emotionen

Die Nutzung von Emotionen als Informationsquelle

3. Körperliche Integration:

Die bewusste Wahrnehmung des Körpers und seiner Signale

Die Regulation des autonomen Nervensystems

Die Lösung körperlich gespeicherter Spannungsmuster

Die Wiederverbindung mit der körperlichen Weisheit

4. Sinn- und Bedeutungsintegration:

Die Einbettung von Erfahrungen in ein kohärentes persönliches Narrativ

Die Verbindung zu tieferen Werten und Sinnquellen

Die Entwicklung einer umfassenderen Perspektive auf Schwierigkeiten

Die Transformation von Leiden in Wachstum und Weisheit

Wenn wir auf allen diesen Ebenen arbeiten, erweitern wir den Spalt zwischen Reiz und Reaktion nicht nur als isolierte Fähigkeit, sondern als Ausdruck eines integrierten, ganzheitlichen Selbst.

Übung: Integrative Reflexion

Diese Übung hilft, alle Ebenen deines Seins in Bezug auf den Spalt zwischen Reiz und Reaktion zu integrieren und zu aktivieren.

Anleitung:

Vorbereitung:

Finde einen ruhigen Ort, an dem du ungestört sein kannst
Nimm dir 20-30 Minuten Zeit
Halte ein Journal oder Papier und Stift bereit
Ankommen:

Beginne mit einigen tiefen Atemzügen
Spüre deinen Körper, wie er vom Stuhl oder Boden getragen wird
Bemerke die Qualität deiner Präsenz in diesem Moment
Reflexion auf allen Ebenen:

Kognitive Ebene:

Welche neuen Einsichten oder Perspektiven hast du durch die Arbeit mit dem Spalt zwischen Reiz und Reaktion gewonnen?

Wie hat sich dein Denken über dich selbst, andere und schwierige Situationen verändert? Welche Gedankenmuster erkennst du jetzt, die früher unbewusst waren?

Emotionale Ebene:

Wie hat sich deine Beziehung zu schwierigen Emotionen verändert? Welche Emotionen kannst du jetzt besser wahrnehmen, akzeptieren oder regulieren? Welche emotionalen Ressourcen hast du entwickelt oder wiederentdeckt?

Körperliche Ebene:

Wie hat sich deine Körperwahrnehmung verändert? Welche körperlichen Signale kannst du jetzt besser erkennen und nutzen? Wie fühlt sich der Spalt zwischen Reiz und Reaktion in deinem Körper an?

Sinn- und Bedeutungsebene:

Wie hat die Entwicklung des Spalts zwischen Reiz und Reaktion dein Selbstverständnis verändert? Welche tieferen Werte oder Sinnquellen sind für dich klarer geworden? Wie siehst du jetzt den größeren Kontext deiner Herausforderungen und deines Wachstums?

Integration:

Gibt es Verbindungen oder Muster zwischen diesen verschiedenen Ebenen?

Wie können die verschiedenen Ebenen sich gegenseitig unterstützen?

Wo spürst du noch Möglichkeiten für weitere Integration?

Zukunftsvision:

Wie stellst du dir die weitere Entwicklung deines Spalts zwischen Reiz und Reaktion vor?

Welche nächsten Schritte fühlst du dich inspiriert zu unternehmen?

Wie könnte deine weitere Transformation aussehen?

Abschluss:

Fasse die wichtigsten Erkenntnisse dieser Reflexion zusammen

Würdige bewusst den Weg, den du bereits gegangen bist

Kehre mit einem tiefen Atemzug zur normalen Aktivität zurück

Diese integrative Reflexion hilft dir, die verschiedenen Dimensionen deiner Arbeit mit dem Spalt zwischen Reiz und Reaktion zusammenzubringen und ein kohärentes Verständnis deiner Transformation zu entwickeln.

Reflexionsfragen

Bevor wir dieses Kapitel abschließen, nimm dir einen Moment Zeit, um über folgende Fragen nachzudenken:

Welche inneren „Anteile" oder Teilpersönlichkeiten kannst du in deinen automatischen Reaktionen erkennen? Welche Rolle spielen sie und wie könntest du eine bessere Beziehung zu ihnen entwickeln?

Gibt es schwierige Erfahrungen in deiner Vergangenheit, die möglicherweise deine aktuellen Reaktionsmuster beeinflussen? Wie könntest du diese Verbindungen mit mehr Mitgefühl und Verständnis betrachten?

In welchen Bereichen hast du bereits Anzeichen von posttraumatischem Wachstum oder tieferer Transformation durch Herausforderungen erlebt?

Auf welcher Integrationsebene (kognitiv, emotional, körperlich, Sinn/Bedeutung) fühlst du dich am stärksten, und welche könnte mehr Aufmerksamkeit und Entwicklung brauchen?

Wo könntest du von zusätzlicher Unterstützung auf deinem Weg zu tieferer Transformation profitieren, sei es durch Bücher, Kurse, Community oder professionelle Begleitung?

Zusammenfassung
In diesem Kapitel haben wir Wege erkundet, wie wir über die bloße Nutzung des Spalts zwischen Reiz und Reaktion hinausgehen und tiefere persönliche Transformation erleben können:

Das Internal Family Systems Modell bietet einen kraftvollen Rahmen, um die verschiedenen „Anteile" zu verstehen und zu versöhnen, die hinter unseren automatischen Reaktionen stehen, und Zugang zu unserem tieferen Selbst zu finden.

Traumasensible Ansätze helfen uns, die Auswirkungen schwieriger Erfahrungen auf unsere Reaktionsmuster zu verstehen und behutsam mit ihnen zu arbeiten, wobei die Ressourcen-Installation und die Titration wertvolle Werkzeuge darstellen.

Post-traumatisches Wachstum zeigt, wie wir aus Herausforderungen nicht nur zurückkehren, sondern durch sie in verschiedenen Lebensbereichen wachsen können, indem wir Bedeutung in schwierigen Erfahrungen finden.

Die Grenzen der Selbsthilfe anzuerkennen und bei Bedarf professionelle Unterstützung zu suchen ist kein Zeichen von Schwäche, sondern von Weisheit, und kann den persönlichen Wachstumsprozess kraftvoll unterstützen.

Die Integration aller Ebenen – kognitiv, emotional, körperlich und Sinn/Bedeutung – ermöglicht die tiefste und nachhaltigste Transformation des Spalts zwischen Reiz und Reaktion.

Der Weg zur tieferen Transformation ist nicht immer leicht, aber er ist zutiefst lohnend. Jeder Schritt, den du machst, um deine inneren Muster zu verstehen, deine inneren Anteile zu versöhnen und Bedeutung in deinen Erfahrungen zu finden, erweitert den Raum deiner inneren Freiheit – den kostbaren Spalt zwischen Reiz und Reaktion, in dem deine wahre Souveränität liegt.

Im nächsten und letzten Kapitel werden wir dich dabei unterstützen, all diese Erkenntnisse und Praktiken in einen persönlichen Masterplan zu integrieren – einen individuellen Fahrplan für die nachhaltige Kultivierung des Spalts zwischen Reiz und Reaktion in deinem einzigartigen Leben.

Dein individueller Masterplan

„Mit Wissen beginnt man, durch Handeln vollendet man." — Wang Yangming

Wir haben einen umfassenden Weg zurückgelegt. Von den Automatismen des Denkens über die Erweiterung des Spalts zwischen Reiz und Reaktion, die Werkzeuge der Achtsamkeit und ACT, die kognitive Umstrukturierung, östliche Weisheitstraditionen, den Körper als Anker,

Kommunikation und Beziehungen, dein Notfallkit, den Umgang mit Rückfällen bis hin zu tieferer Transformation – wir haben zahlreiche Facetten der inneren Souveränität erkundet.

Nun ist es Zeit, all diese Erkenntnisse und Praktiken in einen kohärenten, persönlichen Masterplan zu integrieren – einen Fahrplan, der genau auf dich, deine Bedürfnisse, Herausforderungen und Stärken zugeschnitten ist. In diesem letzten Kapitel werden wir dich durch den Prozess führen, deinen eigenen individuellen Weg zur inneren Souveränität zu gestalten.

Konzepte: Implementation Intentions, Habit Stacking, Identitätsbasierte Gewohnheiten
Bevor wir in die konkrete Planung einsteigen, ist es hilfreich, einige psychologische Konzepte zu verstehen, die die Umsetzung von Vorhaben in nachhaltige Veränderung unterstützen.

Implementation Intentions: Die Kraft des „Wenn-Dann"
Implementation Intentions, ein von Peter Gollwitzer entwickeltes Konzept, sind eine der effektivsten Strategien zur Überbrückung der Kluft zwischen Absicht und Handlung. Sie funktionieren nach einem einfachen Prinzip:

„WENN [spezifische Situation eintritt], DANN werde ich [spezifische Handlung ausführen]."

Diese einfache Formel ist so wirksam, weil sie:

Mentales Automatisieren ermöglicht (die Entscheidung ist bereits vorher getroffen)
Die kognitive Last in herausfordernden Momenten reduziert
Situative Auslöser direkt mit gewünschten Verhaltensweisen verknüpft
Die Wahrscheinlichkeit erhöht, dass wir unsere Absichten in die Praxis umsetzen
Studien zeigen, dass Menschen, die Implementation Intentions nutzen, bis zu dreimal wahrscheinlicher ihre Ziele erreichen als jene, die nur allgemeine Absichten formulieren.

Beispiele für Implementation Intentions zur Nutzung des Spalts:

„WENN ich merke, dass mein Gesicht heiß wird in einem Gespräch, DANN werde ich zwei tiefe Atemzüge nehmen, bevor ich antworte."
„WENN mein innerer Kritiker auftaucht, DANN werde ich ‚Ich bemerke, dass ich den Gedanken habe...' als Defusionstechnik nutzen."
„WENN ich abends ins Bett gehe, DANN werde ich drei Dinge reflektieren, bei denen ich heute den Spalt zwischen Reiz und Reaktion nutzen konnte."
Habit Stacking: Neue Gewohnheiten an bestehende ankoppeln

Habit Stacking, ein von James Clear popularisiertes Konzept, nutzt bestehende Gewohnheiten als Anker für neue Verhaltensweisen. Die Grundformel lautet:

„Nach [bestehende Gewohnheit], werde ich [neue Gewohnheit]."

Diese Methode ist deshalb so effektiv, weil:

Sie bestehende neuronale Pfade nutzt, statt komplett neue zu schaffen
Sie keine zusätzliche Willenskraft für das Erinnern erfordert
Sie natürliche Übergänge im Tagesablauf nutzt
Sie die neue Gewohnheit in eine bereits etablierte Routine integriert
Beispiele für Habit Stacking mit Spalt-Praktiken:

„Nach dem Zähneputzen am Morgen werde ich eine 3-Minuten-Atemmeditation durchführen."
„Nach jedem Telefonat werde ich einen Moment innehalten und meinen Körper spüren."
„Bevor ich abends den Laptop schließe, werde ich drei tiefe, bewusste Atemzüge nehmen."
„Nach dem Betreten meines Büros werde ich meine Intention für präsente Kommunikation setzen."
Identitätsbasierte Gewohnheiten: Vom Tun zum Sein
James Clear hebt in seinem Buch „Atomic Habits" hervor, dass die nachhaltigsten Verhaltensänderungen nicht auf

Willenskraft oder Zielsetzung basieren, sondern auf Identität. Die Hierarchie der Veränderung sieht so aus:

Ergebnisse ändern (oberflächlichste Ebene): „Ich will weniger emotional reagieren."
Prozesse ändern (mittlere Ebene): „Ich will täglich meditieren."
Identität ändern (tiefste Ebene): „Ich bin eine Person, die bewusst zwischen Reiz und Reaktion wählt."
Wenn wir Veränderung auf der Identitätsebene verankern, werden die entsprechenden Verhaltensweisen natürlicher und müheloser, weil sie Ausdruck dessen sind, wer wir sind, nicht nur was wir tun wollen.

So nutzt du identitätsbasierte Gewohnheiten:

Entscheide, welche Art von Person du sein willst (in Bezug auf den Spalt zwischen Reiz und Reaktion)
Beweise dir selbst durch kleine Gewinne, dass du diese Person bist
Verstärke diese Identität durch bewusste Selbstwahrnehmung und -bestätigung
Beispiele für identitätsbasierte Formulierungen:

Statt: „Ich versuche, weniger reaktiv zu sein."
Besser: „Ich bin eine Person, die präsent bleibt und bewusst wählt."

Statt: „Ich will mehr in der Kommunikation zuhören."

Besser: „Ich bin ein präsenter, mitfühlender Zuhörer."

Statt: „Ich sollte meinen Körper mehr wahrnehmen."
Besser: „Ich bin jemand, der in Verbindung mit seiner
körperlichen Weisheit lebt."

Diese identitätsbasierte Perspektive schafft eine sich
selbst verstärkende Schleife: Je mehr du gemäß dieser
Identität handelst, desto stärker wird die Identität; und je
stärker die Identität, desto natürlicher wird das entspre-
chende Handeln.

Übungen: Deinen persönlichen Werkzeugkasten definieren
Der erste Schritt zur Erstellung deines individuellen
Masterplans ist die Definition deines persönlichen Werkzeugkastens – eine kuratierte Sammlung jener Techniken
und Praktiken aus diesem Buch, die für dich am relevantesten und wirksamsten sind.

Übung: Dein personalisierter Werkzeugkasten
Anleitung:

Reflexion bisheriger Erfahrungen:

Welche Übungen oder Techniken aus diesem Buch haben
dir bisher am meisten geholfen?
Bei welchen hast du die deutlichsten positiven Effekte
bemerkt?

Welche fühlen sich am natürlichsten und zugänglichsten für dich an? Welche passen am besten zu deinem Lebensstil und deinen Präferenzen?

Kategorisierung nach Kontext:
Ordne hilfreiche Werkzeuge nach folgenden Kategorien:

Tägliche Grundlagenpraxis:
Wähle 1-2 Kernpraktiken, die du täglich durchführen möchtest, um den Spalt zwischen Reiz und Reaktion zu kultivieren (z.b. Achtsamkeitsmeditation, Bodyscan, Werte-Reflexion).

Situationsspezifische Werkzeuge:
Wähle 3-5 Techniken für spezifische herausfordernde Situationen (z.b. BOFEE-Modell für schwierige Gespräche, kognitive Umstrukturierung für Selbstkritik, Box-Breathing für akuten Stress).

Notfall-Interventionen:
Wähle 2-3 sofort wirksame Techniken für emotionale Überflutung (z.b. 5-4-3-2-1-Methode, Selbstmitgefühl-Pause, Ressourcen-Aktivierung).

Tiefere Transformationsarbeit:
Wähle 1-2 Ansätze für tiefere, kontinuierliche Transformation (z.b. Teilearbeit, Journaling zu post-traumatischem Wachstum, Werte-Klärung).

Personalisierung und Anpassung:

Wie könntest du diese Werkzeuge an deine speziellen Bedürfnisse anpassen? Gibt es Variationen oder Kombinationen, die für dich besonders wirksam sein könnten? Welche Hinweise oder Erinnerungen brauchst du, um diese Werkzeuge optimal zu nutzen?

Priorisierung:

Welche 3-5 Werkzeuge möchtest du in den nächsten 30 Tagen besonders fokussieren und vertiefen? Welche 1-2 langfristigen Praktiken siehst du als Fundament deiner Entwicklung?

Dokumentation:

Erstelle eine übersichtliche Zusammenfassung deines personalisierten Werkzeugkastens Halte wichtige Schlüsselkonzepte und -schritte für jedes Werkzeug fest Erstelle wenn möglich Kurzanleitungen für den schnellen Zugriff Dieser personalisierte Werkzeugkasten ist nicht statisch, sondern wird sich mit deiner Entwicklung und deinen Erfahrungen weiterentwickeln. Er dient als Ausgangspunkt für deinen individuellen Masterplan.

Übung: 30-Tage-Challenge mit Tracking-System

Um deine ausgewählten Werkzeuge zu einer nachhaltigen Praxis zu machen, ist eine strukturierte Anfangsphase hilfreich. Eine 30-Tage-Challenge mit einem einfachen Tracking-System kann den nötigen Fokus und Momentum schaffen.

Anleitung:

Auswahl der Challenge-Praktiken:

Wähle 1-3 Kernpraktiken aus deinem Werkzeugkasten, die du für 30 Tage konsequent üben möchtest
Definiere für jede Praktik:
Genaue Beschreibung (was)
Spezifische Dauer (wie lange)
Konkreter Zeitpunkt/Auslöser (wann)
Minimale Version für schwierige Tage (Plan B)
Tracking-System erstellen:

Erstelle eine einfache Tabelle oder nutze eine App deiner Wahl
Führe die ausgewählten Praktiken in der linken Spalte auf
Erstelle eine Spalte für jeden Tag der Challenge
Füge eine Spalte für „Erkenntnisse/Erfahrungen" hinzu
Beispiel:

Praktik	Tag 1
	Tag 2
	...

Tag 30

Erkenntnisse

10 Min. Achtsamkeit ✓

✓

...

Morgens vor dem Frühstück am effektivsten

3 Momenten STOP-Technik ✓

✓

...

Häufig vergessen, Erinnerung am Handy half

Abend-Reflexion ✓

✗

...

Tiefere Einsichten, wenn schriftlich

Visible Cues einrichten:

Platziere sichtbare Erinnerungen an strategischen Orten deines Alltags
Setze Erinnerungen auf deinem Telefon für die ersten Wochen
Informiere bei Bedarf nahestehende Personen über deine Challenge
Wöchentliche Review:

Plane einen festen wöchentlichen Termin (z.B. Sonntag abend) für eine kurze Review

Reflektiere Erfolge, Herausforderungen und Erkenntnisse
Passe deine Strategie für die kommende Woche bei Bedarf an
Celebration und nächste Schritte:

Plane eine bedeutungsvolle Art, den Abschluss der 30 Tage zu feiern
Definiere am Ende der Challenge, wie du weitermachen möchtest
Integriere die wertvollsten Erkenntnisse in deine langfristige Praxis
Diese 30-Tage-Challenge dient mehreren Zwecken: Sie hilft, neue Gewohnheiten zu etablieren, liefert wertvolle Erkenntnisse über deine persönlichen Muster und schafft Momentum für langfristige Veränderung.

Übung: Deine Vision eines souveränen Lebens entwickeln
Ein kraftvoller Masterplan braucht nicht nur konkrete Schritte, sondern auch eine inspirierende Vision – ein klares Bild davon, wie dein Leben aussehen könnte, wenn du den Spalt zwischen Reiz und Reaktion vollständig kultiviert hättest.

Anleitung:

Vorbereitende Entspannung:

Finde einen ruhigen Ort ohne Ablenkungen
Schließe die Augen und atme einige Male tief durch

Bringe dich in einen Zustand entspannter Offenheit
Zukunftsvisualisierung:

Stelle dir vor, es ist drei Jahre in der Zukunft
Du hast die Fähigkeit, den Spalt zwischen Reiz und
Reaktion in allen Lebensbereichen zu nutzen, vollständig
entwickelt
Visualisiere einen typischen Tag in diesem zukünftigen
Leben so detailliert wie möglich
Mehrdimensionale Erkundung:

Persönliche Dimension:

Wie gehst du mit inneren Triggern und Herausforderungen um?
Wie fühlst du dich in deinem Körper?
Wie ist deine Beziehung zu deinen Gedanken und Gefühlen?
Welche Qualitäten strahlst du aus?
Beziehungsdimension:

Wie interagierst du mit nahestehenden Menschen?
Wie gehst du mit Konflikten oder Missverständnissen um?
Wie erlebst du Verbindung und Intimität?
Wie nehmen andere dich wahr?
Berufliche/Kreative Dimension:

Wie bringst du deine Präsenz und Souveränität in deine Arbeit ein?

Wie gehst du mit Stress und Herausforderungen um?

Wie drückst du deine Kreativität aus?

Welche Wirkung hast du auf dein Umfeld?

Spirituelle/Sinn-Dimension:

Welche tieferen Werte lebst du?

Wie erlebst du Verbundenheit mit etwas Größerem?

Welchen Sinn oder welche Bedeutung erfährst du?

Wie drückt sich deine innere Souveränität in deinem Lebenszweck aus?

Konkretisierung:

Schreibe deine Vision in der Gegenwartsform auf, als ob sie bereits Realität wäre

Sei so spezifisch und sinnlich wie möglich – was siehst, hörst, fühlst du?

Beschreibe sowohl innere Zustände als auch äußere Manifestationen

Verbinde die Vision mit deinen tiefsten Werten und Sehnsüchten

Vision als Ressource:

Lese deine Vision regelmäßig (idealerweise wöchentlich)

Nutze sie als Kompass für Entscheidungen und als Inspiration in schwierigen Zeiten

Aktualisiere sie, wenn sich dein Verständnis und deine Erfahrung vertiefen

Eine klare, inspirierende Vision wirkt wie ein Magnet, der dich in Richtung innerer Souveränität zieht. Sie aktiviert nicht nur deinen bewussten Verstand, sondern auch tiefere motivationale Systeme, die deine täglichen Entscheidungen und Handlungen beeinflussen.

Praxisaufgabe: Erstelle deinen individualisierten 90-Tage-Plan

Mit deinem personalisierten Werkzeugkasten, deiner 30-Tage-Challenge und deiner Vision bist du nun bereit, einen umfassenden 90-Tage-Plan zu erstellen – einen konkreten Fahrplan für die nächsten drei Monate deiner Reise zur inneren Souveränität.

Anleitung:

Dreiphasige Struktur:
Teile die 90 Tage in drei aufeinander aufbauende Phasen ein:

Phase 1 (Tage 1-30): Grundlagen festigen

Fokus auf 1-2 Grundlagenpraktiken zur täglichen Kultivierung des Spalts
Schwerpunkt auf Bewusstheit und Erkennen automatischer Reaktionen
Einfache, konsistente Praxis etablieren

Phase 2 (Tage 31-60): Erweiterung und Anwendung

Integration der Praktiken in herausforderndere Lebensbereiche
Experimentieren mit situationsspezifischen Werkzeugen
Beginn tieferer Transformationsarbeit
Phase 3 (Tage 61-90): Integration und Weitergabe

Verfestigung der Praktiken als Teil deiner Identität
Natürliche Integration in alle Lebensbereiche
Beginn, das Gelernte mit anderen zu teilen (falls gewünscht)
Konkrete Schritte für jede Phase:
Definiere für jede Phase:

Tägliche Praxis: Was wirst du jeden Tag tun?
Wöchentliche Aktivitäten: Was wirst du jede Woche tun?
Besondere Fokuspunkte: Welche spezifischen Aspekte oder Situationen wirst du besonders beachten?
Implementation Intentions: Welche spezifischen Wenn-Dann-Pläne wirst du nutzen?
Ressourcen und Unterstützung: Welche Materialien, Personen oder Werkzeuge wirst du nutzen?
Tracking und Reflexion: Wie wirst du deinen Fortschritt verfolgen und aus Erfahrungen lernen?
Meilensteine und Erfolgsmaße:

Definiere konkrete, erkennbare Meilensteine für jede Phase

Überlege, wie du Fortschritt jenseits von „perfekter Durchführung" messen kannst

Berücksichtige sowohl quantitative als auch qualitative Maße

Mögliche Erfolgsmaße:

Häufigkeit des Bemerkens automatischer Reaktionen
Schnelligkeit des Erkennens von Triggern
Qualität der Präsenz in herausfordernden Situationen
Subjektives Wohlbefinden und innere Ruhe
Feedback von anderen zu Veränderungen in deiner Präsenz

Herausforderungen antizipieren:

Identifiziere vorhersehbare Hindernisse oder schwierige Phasen
Entwickle konkrete Strategien für den Umgang mit diesen Herausforderungen
Erstelle „Wenn-Dann"-Pläne für typische Schwierigkeiten

Beispiel:

„WENN ich drei Tage in Folge meine Praxis versäume, DANN werde ich (1) mir selbst gegenüber mitfühlend sein, (2) zur minimalen Version der Praxis zurückkehren und (3) einen Freund bitten, mich zu unterstützen."

Dokumentation und Überprüfung:

Erstelle ein übersichtliches Dokument mit deinem 90-Tage-Plan

Plane konkrete Termine für Überprüfung und Anpassung (z.b. alle 30 Tage)
Halte deine Vision, deinen Werkzeugkasten und deinen Plan an einem leicht zugänglichen Ort
Dieser 90-Tage-Plan bietet dir eine strukturierte, aber flexible Roadmap für die nächsten drei Monate. Er kombiniert klare Richtung mit Anpassungsfähigkeit und berücksichtigt die natürlichen Phasen des Lernens und der Integration.

Die Balance zwischen Struktur und Flexibilität
Bei der Umsetzung deines Masterplans ist die Balance zwischen Struktur und Flexibilität entscheidend. Zu viel Struktur kann zu Rigidität führen und die natürliche Entfaltung deines Prozesses behindern; zu wenig Struktur kann zu Unbeständigkeit und verpassten Gelegenheiten führen.

Prinzipien für nachhaltige Praxis:
1. Minimale effektive Dosis:

Finde die kleinste Menge an Praxis, die noch wirksame Ergebnisse bringt
Beginne mit einer Dauer und Häufigkeit, die du mit Sicherheit einhalten kannst
Erhöhe die „Dosis" nur, wenn die aktuelle Praxis stabil und mühelos geworden ist
2. Prozess vor Ergebnis:

Fokussiere auf die konsequente Durchführung der Praxis, nicht auf schnelle Ergebnisse

Feiere das Einhalten der Prozesse als Erfolg, unabhängig von sichtbaren Resultaten

Vertraue darauf, dass Ergebnisse eine natürliche Folge konsequenter Praxis sind

3. Fehlerfreundlichkeit:

Plane von vornherein mit Rückfällen und Unterbrechungen

Entwickle „Wiedereinstiegsrituale" für Zeiten nach Unterbrechungen

Betrachte jede Unterbrechung als wertvolle Lernchance

4. Natürliche Rhythmen respektieren:

Berücksichtige deine persönlichen Energie- und Aufmerksamkeitszyklen

Passe deine Praxis an Jahreszeiten, Lebensumstände und Energieniveaus an

Erkenne an, dass es Phasen höherer und niedrigerer Intensität geben wird

5. Gemeinschaft und Unterstützung:

Suche Verbindung mit Gleichgesinnten, die ähnliche Praktiken kultivieren

Teile deine Erfahrungen, Erkenntnisse und Herausforderungen

Nutze die Kraft der sozialen Verbindlichkeit und gegenseitigen Inspiration

Diese Prinzipien helfen dir, eine nachhaltige Praxis zu entwickeln, die sich mit deinem Leben entfaltet und wächst, statt als zusätzliche Belastung oder starres Regelwerk zu wirken.

Fallbeispiel: Ein individualisierter Masterplan in Aktion
Lassen wir uns anhand eines konkreten Beispiels anschauen, wie ein individualisierter Masterplan in der Praxis aussehen kann:

Sophias Weg zur inneren Souveränität
Sophia, eine 39-jährige Projektmanagerin und alleinerziehende Mutter eines Teenagers, hatte jahrelang mit emotionaler Reaktivität in stressigen Situationen zu kämpfen. Besonders in der Kommunikation mit ihrem Vorgesetzten und in Konflikten mit ihrem Sohn fand sie sich oft in automatischen Reaktionsmustern gefangen – entweder passive Anpassung oder plötzliche emotionale Ausbrüche, die sie später bereute.

Nach der Lektüre dieses Buches entwickelte sie ihren personalisierten Masterplan:

Sophias Werkzeugkasten:

Tägliche Grundlagenpraxis:

10 Minuten Atemmeditation am Morgen

3 bewusste STOP-Momente über den Tag verteilt (nach dem Aufwachen, mittags, nach der Arbeit)
Situationsspezifische Werkzeuge:

BOFEE-Modell für schwierige Gespräche mit Vorgesetzten
Defusionsübung „Ich bemerke, dass ich den Gedanken habe..." für Selbstkritik
Box-Breathing für Meetings und Elterngespräche
4 Fragen der kognitiven Umstrukturierung für Katastrophengedanken
Notfall-Interventionen:

5-4-3-2-1-Technik für akute emotionale Überflutung
Selbstmitgefühl-Pause nach emotionalen Reaktionen
Körperverankerung durch festen Bodenkontakt und tiefe Atmung
Tiefere Transformationsarbeit:

Wöchentliches Journaling zu inneren Anteilen
Monatliche Reflexion zu Werten und Vision
Sophias Implementation Intentions:

„WENN mein Chef kritisches Feedback gibt, DANN werde ich zwei Atemzüge nehmen und aktives Zuhören praktizieren, bevor ich antworte."
„WENN ich spüre, dass ich mit meinem Sohn ungeduldig werde, DANN werde ich kurz innehalten und mich an meinen Wert ‚liebevolle Präsenz' erinnern."

„WENN ich den Drang verspüre, einer unangenehmen Aufgabe auszuweichen, DANN werde ich die 5-Minuten-Regel anwenden (nur 5 Minuten anfangen)."

„WENN ich abends ins Bett gehe, DANN werde ich mir drei Momente in Erinnerung rufen, in denen ich heute den Spalt zwischen Reiz und Reaktion nutzen konnte."

Sophias 90-Tage-Plan:

Phase 1 (Tage 1-30): Grundlagen

Tägliche 10-Minuten-Meditation etablieren
STOP-Technik in Alltagsroutinen verankern
Wöchentliches Journaling zu automatischen Reaktionen
Besonderer Fokus: Erkennen von Körpersignalen bei Stress
Phase 2 (Tage 31-60): Anwendung

Integration des BOFEE-Modells in Arbeitsinteraktionen
Experimentieren mit verschiedenen Defusionstechniken
Einführung wöchentlicher „Praxis-Gespräche" mit einer Freundin
Besonderer Fokus: Bewusste Kommunikation mit dem Sohn
Phase 3 (Tage 61-90): Integration

Beginn der Arbeit mit inneren Anteilen
Vertiefung der Wertearbeit und Vision
Teilen von Erkenntnissen in einer kleinen Lerngruppe

Besonderer Fokus: Spontane Anwendung in unerwarteten Situationen

Sophias Fortschrittsverlauf:

In den ersten 30 Tagen erlebte Sophia sowohl Erfolge als auch Herausforderungen. Die morgendliche Meditation etablierte sich schnell als wertvolle Routine, während sie die STOP-Technik oft vergaß. Sie löste dieses Problem, indem sie drei spezifische tägliche Auslöser (Zähneputzen, Mittagessen, Heimkommen) mit der Technik verband.

Ein wichtiger Durchbruch kam in Woche 5, als sie in einem angespannten Meeting mit ihrem Vorgesetzten zum ersten Mal bewusst den Spalt zwischen Reiz und Reaktion nutzen konnte. Statt in ihre übliche defensive Haltung zu verfallen, nahm sie zwei tiefe Atemzüge, spürte ihre Füße auf dem Boden und antwortete dann ruhig und klar. Diese Erfahrung stärkte ihr Vertrauen in die Praxis erheblich.

In Phase 2 und 3 bemerkte Sophia, wie sich die bewusste Praxis allmählich in ihre Identität integrierte. Sie definierte sich zunehmend als „eine Person, die präsent bleibt und bewusst wählt", statt als „jemand mit Impulskontrollproblemen". Diese Identitätsverschiebung machte die Praktiken natürlicher und weniger anstrengend.

Nach 90 Tagen berichtete Sophia von signifikanten Veränderungen:

Ihre Beziehung zu ihrem Sohn hatte sich deutlich verbessert, mit mehr Verbindung und weniger Konflikten
Kollegen bemerkten ihre erhöhte Präsenz und Gelassenheit in Stresssituationen
Ihr subjektives Stressempfinden hatte sich um etwa 40% reduziert
Sie konnte automatische Reaktionen deutlich früher erkennen und unterbrechen
Überraschenderweise hatte sie auch eine neue Klarheit bezüglich ihrer beruflichen Ziele gewonnen
Sophias nächste Schritte:

Nach Abschluss ihres 90-Tage-Plans entschied Sophia, ihre Praxis auf drei Wegen zu vertiefen:

Die Teilnahme an einem 8-wöchigen MBSR-Kurs zur Vertiefung ihrer Achtsamkeitspraxis
Die Bildung einer kleinen „Spalt-Praxis-Gruppe" mit drei Freunden, die sich zweiwöchentlich trifft
Die Erweiterung ihrer Arbeit mit inneren Anteilen, möglicherweise mit professioneller Unterstützung
Sophias Geschichte veranschaulicht die Kraft eines individualisierten, strukturierten Ansatzes zur Kultivierung des Spalts zwischen Reiz und Reaktion

Zusammenfassung

Souverän durch Selbstregulation.

Dieses Buch erforscht das Konzept des Raumes zwischen dem, was uns widerfährt (Reiz), und wie wir darauf antworten (Reaktion) - ein Konzept, das vom österreichischen Psychiater und Holocaust-Überlebenden Viktor Frankl geprägt wurde. In diesem Raum liegt unsere Fähigkeit zur bewussten Entscheidung und damit unsere wahre Freiheit.

Die Kernbotschaft des Buches ist, dass wir unsere automatischen Reaktionsmuster - wie Grübeln, Selbstzweifel, übermäßiges Analysieren, Wut oder Rückzug - durchbrechen können, indem wir lernen, diesen Raum zwischen Reiz und Reaktion bewusst wahrzunehmen und zu erweitern. Das Buch verbindet wissenschaftliche Erkenntnisse aus den Neurowissenschaften und der Psychologie mit praktischen Übungen aus verschiedenen Bewusstseinstraditionen, um einen umfassenden Ansatz für emotionale Regulation und innere Freiheit zu bieten.

Was das Buch bietet:
Das Buch richtet sich an Menschen, die unter alltäglichem Grübeln, emotionaler Reaktivität und Gedankenkreisen leiden und die mehr innere Freiheit und Wahlmöglichkeiten in ihrem Leben entwickeln möchten. Es ist für jene gedacht, die grundsätzlich funktionieren, aber mehr emotionale Flexibilität, innere Ruhe und Selbstbestimmung anstreben.

Die Hauptthemen des Buches umfassen:
Verstehen der automatischen Denkmuster und neurologischen Grundlagen unserer Reaktionen
Methoden zur bewussten Wahrnehmung und Vergrößerung des Spalts zwischen Reiz und Reaktion
Achtsamkeitspraktiken als Grundlage für emotionale Regulation
Techniken zur gesunden Distanzierung von belastenden Gedanken
Strategien zur kognitiven Umstrukturierung und für flexibleres Denken
Körperbasierte Ansätze zur emotionalen Regulation
Werkzeuge für weniger reaktive und verbundenere Kommunikation
Entwicklung eines persönlichen Notfallkits für herausfordernde Situationen
Konstruktiver Umgang mit Rückfällen und Förderung langfristigen Wachstums

Jedes Kapitel verbindet theoretisches Wissen mit konkreten Übungen, persönlichen Fallbeispielen und Reflexionsfragen zur direkten Integration in den Alltag.

Das Buch betont, dass es keine schnelle Lösung bietet, sondern einen Weg der Praxis, der Geduld und Selbstmitgefühl erfordert. Der Lohn dieser Praxis ist jedoch eine tiefgreifende innere Freiheit – die Fähigkeit, selbst in schwierigen Momenten präsent zu bleiben und aus unseren tiefsten Werten heraus zu handeln, anstatt automatisch zu reagieren.

Wichtiger Hinweis: Das Buch ersetzt keine professionelle psychologische oder psychiatrische Behandlung und ist nicht für Menschen konzipiert, die unter schweren psychischen Belastungen, Traumafolgen oder klinischen Erkrankungen leiden.